● 民法研究レクチャーシリーズ ●

所有権について考える
◇デジタル社会における財産◇

道垣内 弘人

JN061232

信山社

はしがき

　本書は，2023年6月24日に，高校生向けのセミナーとして行われたレクチャーの記録である。このレクチャーは，大村敦志学習院大学教授が，一般の市民の方々に民法・民法学について関心をもってもらうべく実施している連続講義の一環をなすものであり，先行するレクチャーは，『民法研究レクチャーシリーズ』としてすでに何冊か刊行されている。

　大村教授の計画のポイントは2つあるだろう。すなわち，第1に，聴衆が法律の専門家ではなく，一般の市民であること，しかし，第2に，それらの方に対して民法の入門講義を行うのではなく，大きな問題をわかりやすく分析し，民法学がなしうること，なすべきことを示すことによって，民法・民法学に関心を持ってもらうこと，である。そこで，何を扱うべきかだが，ちょうど，土地問題や仮想通貨の問題など，所有権に関する本を何冊か読み，しかし，どうもよくわからない，と悩んでいたところであったので，その悩みを高校生のみなさんにぶつけてみることにした。

　大きな問題を扱っていることは確かだが，それを高いレベルで分析できているか，というと，まったくもって心許ない。しかし，民法学が対象とするものは，古い話，新しい話，抽象的な話，具体的な話が，いろいろと入り組んでいて，それらを総合的に検討していくことによって，あるべき社会を知ろうとするのが民法学の営みなんだな，という感じを持っていただければと思う。本書を読んだからといって頭はすっきりしないだろう。何かわからないトピックが

未整理のままに羅列されていると思うかもしれない。しかし，その混沌から，いろいろ考えることの大切さ，面白さが伝わることを期待している。実際，レクチャー後半のディスカッションにおいては，高校生のみなさんがいろいろと考えてくれた。素晴らしい参加者たちであった。

　本書のもととなったレクチャーを開催してくれた大村教授や，出版のお世話をくださった信山社，担当の稲葉文子さんに感謝するのはもちろんだが，参加してくださった高校生のみなさんに，心からお礼を申し上げたい。

　2024 年 5 月

道垣内　弘人

目　　次

所有権について考える
デジタル社会における財産

道垣内先生のご紹介

　道垣内弘人先生は，1959 年生まれ，1982 年に東京大学法学部を卒業，筑波大学・神戸大学を経て，長く東京大学で研究教育にあたられてきました。道垣内先生と私は，卒業後 3 年間同期の助手として過ごし，1994 年から 19 年までは同僚でした。道垣内先生は，日本私法学会理事長や法制審議会担保制度部会の部会長を務められており，研究においても立法に関しても日本を代表する民法学者です。

　『担保物権法』『信託法』や『リーガルベイシス民法入門』のほか，研究書・論文集は数多くあります。現在，物権法の概説書の執筆に取り組んでいると聞いておりますが，日本の物権法研究は，近代的所有権をめぐる議論が下火になって以来やや低調になっていたものの，最近では，所有者不明土地や仮想通貨などの新たな問題の登場によって再び活発になりつつあります。

　本日は，こうした変化を背景に，現代的な状況を念頭に置きつつ，「所有」という基本概念についてどう考えるか，というお話を伺えるものと期待しています。道垣内先生は大変シャープな議論をされるので，皆さんは感銘を受けることと思いますが，あわせて，議論の背後にある大きな問題意識についても注意しながら，聴いていただけるとよいと思います。

（大村敦志）

は じ め に

(1) 本日のトピック

　このレクチャーシリーズとして既に出版されているのは，瀬川信久さん，内田貴さん，能見善久さん，松本恒雄さんの講義録[1]ですが，いずれも非常にレベルが高いものであり，講師の方々の深い勉強に基づくものです。そして，その後の質疑応答の部分を拝見しますと，出席者の高校生のみなさんは，その講義をよく理解された上で，とても鋭い質問をされています。このような先行の講義・出版物と比べて，私のレクチャーが見劣りするものにならないか心配なのですが，引き受けた限りにおいては，全力を尽くしたいと思います。

　そこで何をお話しするのか，ということですが，現代における物権，とくに「所有権」あるいは「所有」の問題を扱おうと思います。もっとも，民法の学界において，私が，いわゆる「所有権論」について深い研究をしている専門家だと評価されているかというと，そのようなことはありません。本日のレクチャーは，私が，このような貴重な機会をきっかけに少し勉強して，「わからないなあ」と思っていることを率直に述べるというものです。長い間の研究の積み重ねがあって，そのエッセンスをみなさんにお話をするというのではなく，「現在，いろいろな事象がある中で，私はどう考えるべきかがよくわからないんだよ。君らはどう考える？」といった問題提起です。碩学が話をするわけではありません。

(2)『所有権の終焉 ── デジタル経済における人的財産』の表紙

さて，話はいろいろなところに及ぶのですが，今日の話に含まれる事象の一部を扱っている本，とくにその表紙を紹介しておきます。ペルザノフスキーとシュルツという人の共著『所有権の終焉 ── デジタル経済における人的財産』[2]という本です（表紙はネット書店などのサイトで見ることができます）。

ここでは，家庭における一コマが写真になっています。女性がソファに座って音楽を聴きながら，本を読んでいます。後ろで，男性が，スマホを見ながらコーヒーをいれています。ところが，いくつかのものについて，あえてぼやかしてありまして，そのことが意味を持っているのですね。

女性の読んでいる本はぼやけています。以前は紙に印刷された本を読んでいたのですが，現在はパソコン上のデータに変わってしまっています。そばにパソコンが置いてあります。そして，音楽を聴くためのテープレコーダーもぼやけています。以前は，所有しているCDやテープを再生して聴いていたのだけれども，現在はオンラインで聴いている。男性の使っているコーヒーポットもぼやけています。これは，カートリッジ式のコーヒーメーカーで，カートリッジを使用するたびに，そのデータがスマホに送られ，一定数量以下になったら自動的に再注文されるというシステムになっているのですね。このようなシステムをスマート・リオーダーといいますが，これは，様々な家電製品について存在し，購入した洗剤・柔軟剤の分量から洗濯機による自動投入の使用量を差し引いて残量を計測し，残量が少なくなった段階で再注文されるというものなどもあります。コーヒーメーカーの利用者が，それを所有し，自分でコー

ヒーをいれる，というのではなく，コーヒーメーカーが，コーヒーの販売業者による利用者情報の収集手段になっていることを意味します。コーヒーの豆が必要になった時点がわかるのですね。スマホの写真もぼやけています。これは，スマホというものが，これまで述べてきたような自動的なシステムにおいてデータを通信するために用いられることを意味しますが，それに加え，スマホ自体の所有にはさほど意味がなく，それが Wi-Fi でネットにつながっていること，さらには，スマホにはソフトがないと意味がないという特徴，いわば，ソフトを動かすためのものがスマホであるという特徴があることを示しています。

　この表紙を見るだけで，「所有権」とか「所有」とかについて，何かが起こっているという感じがしないでしょうか。

　こういった話を含めて，現代における物権，とくに「所有権」や「所有」の問題を扱おうというのが私の計画です。

(3) ごく普通の民法の説明

　具体的な話に入っていく前に，物権の一般的な話として通常の民法の本に書いてあるところを簡単にお話ししておきます。少し退屈かもしれませんが，伝統的にはこう考えられてきたというところを確認しませんと，そのどこが変容を迫られているのか，がわかりませんので，我慢してください。

　私の研究分野は，民法というものですが，民法というのは私法の一般法であるといわれます。

　世の中には，いろんな社会のルールがありますが，そのような社会におけるルールのうち，公（おおやけ）が関係するものを「公法」

5

とよびます。公と公との間の関係，たとえば，国会と内閣総理大臣の関係についてのルールというのもそうですし，1つの公の組織における内部関係，裁判所の中の所長と各裁判官との関係や，ある県の公務員組織で誰が懲戒の権限を有するかを決めるルールもそうです。また，公と私人との関係についてのルールも公法です。刑法というのは，まさにそうですね。私が何か犯罪を行いますと，それに対する制裁を，国が私に対して加えるわけですけれども，そこでは，まさに公と私人との関係が問題になるわけです。

　他方，「私法」というのは，私人と私人との関係を規律するルールのことです。たとえば，私があなたから1万円を借りるとします。そうすると，あなたは私に対して「1万円返せ」という権利を持ち，私はあなたに対して，1万円を返さなければならないという義務を負います。これは私人と私人との関係ですから，私法のルールによるわけです。そして，「私法」の中も，一般法と特別法に分かれるのですが，この点は，まあ，一般法としての民法が，私法の基本的な原則・ルールを定めているけれども，一定の場合について，それを若干変容したルールが，特別法というカテゴリーの法律，たとえば，会社法，商法，借地借家法といった法律に定められていると考えておいてください。

　そして，今日の話との関係で重要なのは，私法において，財産上の権利は2つの種類に分けて考えられているということです。

　一般法である民法は，5つの編に分かれています。「総則」，「物権」，「債権」，「親族」，「相続」というわけです。「総則」というのは，全体を通じての一般的なルールです。「親族」というのは，夫婦とか親子とかの家族的な関係について，「相続」というのは，人

の死亡を原因とする財産の移転についてのルールです。それぞれについてのルールが，各編にまとめられているわけですね。残りの部分は，「第2編 物権」と「第3編 債権」ですが，これらは，「権」という字がついていることからわかるように，権利について扱っている編です。もっとも相続についての権利は「第5編 相続」に規定されていますし，夫婦の権利義務は「第4編 親族」に規定されています。第2編と第3編は，ざっと言えば，財産上の権利を扱っています。そして，そこでは，権利を「物権」と「債権」というものとに分けて，それぞれのルールを整理し，まとめているのです。

　それでは，この「物権」と「債権」との区別とは，どういった区別なのでしょうか。いろいろな議論が存在しますが，最も一般的で単純な説明は次のとおりです。

　「物権」というカテゴリーに属する権利の1つに「所有権」があります。たとえば，あなたが腕時計を購入して，現在腕につけているとしますと，このときは，その腕時計は「あなたの物」であり，あなたはその時計について「所有権」という権利を有しています。このような場合，あなたはこの腕時計という特定の物に対して権利を持っていて，この特定の物に対する権利を行使すること，つまり，この腕時計を用いてアラームを鳴らしたり，それを壊したり，そういったことは自分1人でできます。誰の助けも必要ありません。勝手にできますね。この状況は，その腕時計という物の価値を，あなたが完全に享有していることを意味します。そして，そのことは誰に対してでも主張できます。隣に座っている人がそれを持って行ってしまったら，その人に「返せ」といえますし，また，今日の帰りに，電車の中にその腕時計を忘れてきてしまったら，そ

の鉄道会社，たとえばJRの忘れ物センターに行って，そこで見つかれば，「私の腕時計だから返してくれ」ということができます。詳しくはお話しできませんが，これは所有権だけでなく，地上権とか，抵当権とか，法律で「物権」であるとされている権利に共通に当てはまることなのです。

　これに対して，あなたがAという人に対して1,000円を貸しているとします。このとき，あなたはAに対して「1,000円返せ」という権利を持っているのであり，権利を持っているという点では，腕時計について所有権を有しているのと同じです。ところが，「1,000円返せ」という権利は，所有権とかなり違う性質を有しています。さきほど，所有権は自分だけでその権利を完全に享有することができる，と説明しましたが，「1,000円返せ」という権利は，Aが1,000円を返してくれないと，その利益を実現することができません。また，この腕時計を所有しているという権利は誰に対しても，「私の腕時計だ」と主張していけるのですが，1,000円貸しているという場合には，貸している相手に「1,000円返せ」と言えるだけであって，誰に対してでも主張できるわけではありません。適当な人を捕まえて「1,000円返せ」と言ったら，それはカツアゲであって，正当な権利行使ではありません。このような，ある特定の人に対して一定の行動を請求できる権利のことを「債権」といいます。

　所有権などの物権は，物に対する権利であり，だから「物権」というわけでして，これに対して，「債権」というのは，「債」という字を偏と旁（つくり）に分解してみればわかるのですが，人に責任を負わせる権利ということなのですね。

　日本における私法は，このように財産上の権利を「物権」と「債権」というふうに大きく2つに分けている，そして，その分類に従って，民法は，「第2編 物権」と「第3編 債権」というかたちでルールを整理している，ということです。

1 出発点となるいくつかの事象

　さて，以上の伝統的な説明を軽く頭に入れた上で，現代的な問題に移っていきたいと思います。その際，まず，問題の所在を示すいくつかの事象を取り上げ，そこに存在する問題を簡単に指摘しておきたいと思います。

【事象 1】

　みなさんが，本を購入しようとするとき，書店に行ったり，あるいは，ネット書店で紙の本を購入したりすることがあります。しかし，Kindle などで電子書籍として購入するという方法もあります。この 2 つの方法のいずれによるかによって，購入者が有することになる権利は同じでしょうか，それとも異なるのでしょうか。

【事象 2】

　ビットコインに代表される「暗号資産」（Crypto Asset）については，「仮想通貨」（cryptocurrency；virtual currency）という言われ方もします。「通貨」という言葉は，決済をするための交換媒体一般を意味しますが，強制通用力（相手が受け取りを拒否できない）を有する通貨は，日本円については，紙幣（日本銀行券）と硬貨（造幣局製造）です。法定通貨と言います。それでは，このような法定通貨，つまり，現金を手元に有しているという状態と，ビットコインを「保有」している状態は同じでしょうか。もちろん，ビットコインに強制通用力はありませんが，通貨を有しているという権利状態

は同じだろうか，ということです。

【事象3】

　不動産の証券化といわれるものです。ある土地を所有しているA
が，その土地を賃貸して，その賃料収入を得る。これはよくある通
常の話ですが，ここでは，その土地についてAが利用するという
ことは予定されていないとします。そうすると，Aがその土地を所
有していることによって有する利益というのは，借主から賃料を取
得するという権利であることになります。そして，Aが，借主から
賃料収入を得るという権利をBに売却したとします。そのとき，A
とBがそれぞれ有することになる権利はどんな権利なのでしょう
か。Aは自分でその土地を利用することもできないし，金銭収入を
上げることもできません。それでも，Aはその土地を所有している
といえるのでしょうか。それとも，Bが所有しているというべきな
のでしょうか。

【事象4】

　これは，少し性格の違う話です。パソコンを購入したという場合
を考えますと，実際に使うためには，OSを含めたソフトをそのパ
ソコンに組み入れることになります。しかし，その必要なソフトは
Wi-Fiにつないだ状態でしか機能しないものだとし，かつ，利用者
が訪れたウェブの情報がソフトの会社に送信されるという仕組みに
なっていたとします。このようなとき，パソコンの購入者は，その
パソコンを所有しているといえるのでしょうか。当然に所有してい
るじゃないかと思う方もいらっしゃると思います。しかし，そのパ
ソコンを使うときにはソフトを使わなければならない，そして，そ

のソフトは自分達で作るわけではなくて，ある会社が作るのであり，そして，その会社が作った状態で，その範囲でしか，そのパソコンは使えないということになります。これは本当にパソコンを所有しているという状態と同じなのだろうか，という疑問が生じます。そういった話です。

　このような事象をもとに，少し考えてみましょうというのが，以下のお話です。

2 電子書籍の「購入」

(1) 電子書籍を読む2つの方法

【事象1】から考えます。

まずは，紙の書籍を購入したときに，その書籍について買主に所有権があるという状況になることは，おわかりだと思います。それでは，電子書籍を購入したとき，同じくその書籍は読めるわけですが，その書籍について，所有権を有していることになるのでしょうか。

電子書籍を購入するといっても，大きく分けて2つの方法があります。1つは，データを販売者のサイトからダウンロードして，オフラインで読むという方法です。もう1つは，販売者のサイトに毎回アクセスして読むという方法ですね。

このうち，後者の毎回アクセスして読むという方法のものについては，誰の力も借りないで物を直接的に支配をするという関係にありません。購入者がその本を読むにあたっては，その都度，販売者の行為が必要になるわけですね。したがって，購入者がその本に所有権を有しているとはいえないと思えます。電子書籍を「購入した」といっても，それはウェブ上で書籍のデータを閲覧できるという権利を有しているというだけで，いかなる意味でも所有権を有しているわけではないといえそうです。

しかし，この場合についても，購入者は，あくまで書籍のデータを購入して，そのデータを所有しているが，それを販売者のところ

に預けているだけだ，という分析もあるかもしれません。販売者の
もとにある「本棚」に置いておく，という言い方をすることもあり
ますね。Kindle の場合も，ダウンロードもできますけれども，Am-
azon アカウント上にある Kindle 本データを Kindle のクラウドリー
ダーというもので直接読むことも可能です。Kindle 以外の電子書
籍についても，ダウンロードしないで読む方法が可能なものは結構
あります。そして，購入者がダウンロードするかしないかは，何を
使ってどこで読んでいるかによって決まるようですね。高校生のみ
なさんはよくご存じのところですが，スマホで読んでいる人は，保
存できるデータの容量が，iPad などに比べると大きくないので，
むやみにダウンロードしない。前提として，Wi-Fi 環境がよいとこ
ろに住んでいることが必要ですが，Wi-Fi 環境がよい場合には，ス
マホの残りの容量に従ってダウンロードするかしないを判断する。
現在読んでいる 4 つの本だけがスマホに入っていて，購入した本
は，ほかに 20 冊ほどあるのだけれど，それは販売業者の Kindle の
「本棚」にあるといったわけです。

(2) オーウェル事件

　こういう分析をしていますと，「どっちでもいいじゃないか」と
思う方もいらっしゃると思います。「とにもかくにも，Amazon に
お金を払って購入したら，読むことができるという権利が取得さ
れ，その権利を何らかの方法で行使するだけなんだから，ごちゃご
ちゃいう必要はないじゃないか」というわけです。しかし，購入者
の権利がどういう権利なのかが問題になった事件もあります。

　2009 年 7 月 17 日に，Amazon は，Kindle で販売した電子書籍 2

点，具体的にはジョージ・オーウェルの『1984年』と『動物農場』ですが，これらを，ユーザーがすでに購入しているものについても，Kindleから一方的に削除したのです。料金は払い戻したのですが，ともかくも削除して，すでに購入した人もそれを読めないようにしてしまいました。どうして削除したのかというと，電子書籍を販売した会社が，実はそれらの本の出版権を有しない会社だったのです。違法な出版物であったので，Amazonは削除したのですね[3]。

　この話をお聞きになって，「違法な出版物だから，仕方がないや」とお思いになる方もいらっしゃるかもしれません。しかし，これが紙の本であったら，どうでしょうか。それが仮に著作権法違反の本だったとしても，有無を言わず購入者から回収するということはできませんね。書店で買うときに，名前と住所を示しているわけではありません。回収しようと思ってもできないのです。

　Amazonのこの措置については，当時，強い批判がありました。そこで，Amazonは，購入者に対して謝罪するとともに，出版権を有する別の会社の出版物を代わりに差し上げます，それを望まない方には30ドル払いますとして，収拾を図りました[4]。

　なお，2014年には日本でも同様の事件がありましたが，これは，電子版購入済みのユーザーの閲覧は引き続き可能であるという措置にしましたので，省略します[5]。

　さて，電子書籍については，アクセスができないようにすることによって，上記の措置が可能です。そうすると，紙の本に比べて独自の制約があることになります。

　実際にKindleのストア利用規約には，次のような定めがありま

す⁽⁶⁾。

> 「Kindle コンテンツは，コンテンツプロバイダーからお客様にライセンスが提供されるものであり，販売されるものではありません。」，「別途に明確な記載がある場合を除き，Kindle コンテンツまたはその一部に対するいかなる権利も第三者に販売，借用，リース，配信，放送，サブライセンス，ないしは別の方法で譲渡してはならないものとします。」

というわけです。

(3) 少し整理

　ここまでのところを，ちょっと整理をしておきます。

　第1に，すでに述べましたように，電子書籍の購入者には，さまざまな制限がかかるということです。紙の書籍を購入すれば，それを第三者に譲渡することもできますし，燃やしてしまうこともできます。仮に，著作権を侵害している書籍であっても，書店から返却を求められることはありません。いつでも自由に読むことができます。

　第2は，権利の対象が，紙の書籍のときには，そこにあって触れることができるものとして存在するのに対して，電子書籍の場合は，ダウンロードしていない場合はもちろん，ダウンロードしていても，情報に対してアクセスしているにすぎず，そこに手で触れるもの，形があるものとしての書籍があるわけではないということです。

　これらのことは，その「所有権」とか「所有」とかを語るとき

に，どのような意味を有するのでしょうか。まずは，所有権そのものについて考えることから始めましょう。

3　所有権の意義と対象

(1) 所有権絶対の原則

　民法について講義をする際，近代私法には4つの基本原則があるといった話をします。私自身はあまり強調しませんし，講義で扱うことも少ないのですが，伝統的には，こういった基本原則について説明がされます。

　その基本原理の1つに「所有権絶対の原則」というものがあります。

　かつては，土地所有権は，身分と結合していました。封建制というのを聞いたことがあると思います。ある高校生向けの参考書には，次のように書いてあります。

　　　8～9世紀の西ヨーロッパでは，イスラム教徒・マジャール人・ヴァイキングなど相つぐ異民族の侵入とフランク王国の分裂，およびその後の王権の衰退のなかで，人々は自己の安全を守るため地方の有力者に土地を託して主従関係を結ぶようになった。その結果，支配階層間に私的な主従関係が幾重にもわたって成立することになり，有力者は多数の家臣をかかえて勢力を増し，各地に城塞をきずいて諸侯として自立した[7]。

　力の支配する社会では，自分で自分の土地を守るだけの武力をもたない者が財産を保有しても無意味ですし，不可能ですから，自分の土地を有力者に託して，自分は有力者から一定の権利を付与して

もらうことにするのですね。そして，その有力者は，さらにより上位の有力者に土地を託することになります。こういう関係が複層的に積み重なっているのが封建制度です。そして，このような階層的な構造をとっていると，土地の所有関係はきわめて複雑なものになるとともに，その関係は，支配－被支配という身分関係に基づくものになりますので，身分と土地所有権は結合したものになるわけです。

　そうすると，社会が固定的になってきます。土地がどんどん売買されて，財産も社会的な地位も流動化するというのが活気のある社会だとすると，封建制度の下では，土地の所有が身分と結びついており，かつ，結びつきも複雑であるわけですから，土地を自由に処

図1　封建社会の階層構造

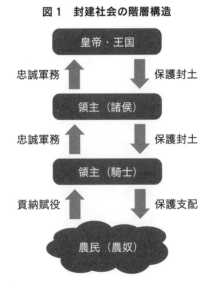

分することができないし，社会的な地位も変動せず，同じところにとどまっていることになるのですね。

　ところが，近世になってくると大航海時代というようなことがあって，富を蓄積する新興勢力が現れてくる。みなさん，高校の世界史の授業で，「ブルジョアジーの勃興」というのを聞いたことがあると思います。そういった人にとっては，商品が流通しない社会というのは不便であって，商業がやりやすくなって自分達が富を蓄積できるようにするためにも，また，王を中心とする封建体制を打破して自分達が権力を握るためにも，この複雑な封建的土地所有形態を破壊することが非常に重要であったといわれています。

　そこで，彼らは，自分達が権力をにぎって，商業を盛んにするために，単純明快な所有権という概念を求めていくことになります。あまり単純化した説明は好ましくありませんが，こういったことが，フランス革命につながってきます。そして，1789年のフランス人権宣言では，「所有権は不可侵のかつ神聖な権利であるから，何人も，適法に確認された公的必要がそれを明らかに要求する場合で，正当かつ事前の補償という条件の下でなければ，これを奪われることはない。」とされました。単純な所有権の概念が確立したのですね。

　もっとも，現在は，フランス革命の性格の研究もいろいろ進んできており，以上のように単純に言うことはできないとされています。また，とりわけ所有権についても，フランス革命の当時から，所有権は社会性のあるものであると認識されており，そこから，所有権には内在的な制約があって，所有者は社会のために義務を負うという考え方が強かったということも指摘されています[8]。なお，

23

これは後で話しますが，このような所有権の社会性の議論が，所有者不明土地問題の話とつながってくるのは容易に想像ができると思います。

(2)「所有権」，「所有」の正当化

　以上のような歴史の話をしましたのは，電子書籍の「所有」について考えるためには，「所有権」・「所有」といった概念を認めることが，どのような範囲で，どのような内容のもとで正当化されるのかということを考えなければならないからです。そのような検討の結果に照らして，どのような場合に所有権が認められるかということも決められることになります。

　そもそも，誰かが他者を排除して，1つの財産を独り占めにできるということは，どのようにして正当化されるのでしょうか。実は「所有」が正当化されるということ自体が，先に述べた社会変革のカギの1つになるのですね。仮に，王様や貴族が所有していることのみが正当化されるのだということになりますと，それは身分によって正当化されているわけですから，所有は身分に結びついているものであって，身分のない者は所有することができないし，移転などもできないということになります。

　しかし，だんだんと，「所有は労働によって基礎づけられる」という考え方が出てきます[9]。そして，さらに，これがさらに進んで，労力を投下した財産について積極的に権利を与えてこそ，労働が促進され，人類の増加と繁栄がもたらされる，と言われるようになりました。

　少し抽象的に申しましたが，そんなに難しい話ではありません。

自分で作っても，それが他人のものになるのであれば，懸命になって，それに対して労力を加えようとはしない。自分の労力を加えると自分のものになるというのであれば，懸命に労力を注入する。そして，労力を加えることによって，物を作成したり，物の価値を増加させたりすると，人々の富が増えてくる。これはよいことである。そういう考え方です。こういった考え方が，富の蓄積を正当化するというところにつながってきます。

　さて，このような根拠に照らすときには，電子書籍について所有権を認めることには問題がなさそうにも思えます。出版社が労力を投下することによって電子書籍ができ，それをみなさんが金銭を支出して購入する。そして，その金銭は，労働によって基礎づけられているということになりますと，これは所有権を認めてよさそうだということになります。

　しかし，ここで，2つのことを考えなければなりません。1つは，「労力を投下したから所有権が認められるのだ」と説明しましたけど，それは本当でしょうか。労力の投下という所有権の正当化根拠は，どこまで妥当するのか，ということです。もう1つは，その根拠が抽象的には妥当するとしても，どんな客体，つまり対象についてでも当てはまるのか，対象の性質からくる制約はないのか，ということです。

(3) 労働による所有権の正当化論理の説得力

　「労力を投下したから所有権が認められるのだ」という説明の説得力から考えます。もっとも，これはもう1つの問題，すなわち，いかなる対象について正当化できるか，という問題とは完全には区

別できません。というのは，みなさんの腕時計とかカバンとか，そういったものについては，かたちのあるものとして存在が認められ，現実に触ることができます。そういった性質のものについて，所有権が認められることは直感的にも理解できます。これに対して，所有権の正当化というか，権利を認めることの正当化がとりわけ問題になるのは，知的生産の果実についてなのですね。知的生産の果実については，政策的にそれについての権利（知的所有権）を認めるか否かの議論が生じやすいのです。つまり，労働による正当化の話は，一定の性質の財産と結びつきやすいのであり，したがって，どのような論理で正当化されるかという問題と，どのような対象について正当化されるかという問題の区別は難しいのですね。そこで，こういった知的生産の果実から話を始めて，だんだんと物理的な存在が認められるもの，とくに不動産に話を移していきたいと思います。

① 社会の利益との調整

　さて，先ほど述べましたように，労力を投じて，作り出した人に権利を与えることによって，みんなが頑張るようになって，社会の富が増えるのだという考え方が一方ではあるわけですが，それに対して，独占的な権利を否定することによってこそ，より効率的な社会が作られるという見方も実は存在します。実際に，いろいろなものに特許権などの権利を認めて，他の人が自由に使用できないようにしたのでは，みんな不便で困ってしまうわけです。そして，自由に使えるものを増やすことによってこそ，創造性が高まり，社会の富は増えるとも考えられます。近時の ChatGPT をめぐる議論にお

いても，他者の著作権等を侵害する可能性を懸念する立場と，自由にすることによってこそ，進歩がもたらされるという立場の対立が見られます[10]。

とりわけ，こういった知的財産権と呼ばれる分野においては，労力の投下がされたからといって，そのことで独占が当然に正当化されるわけではない，また，発明者に権利を与えるということが，必ずしも社会全体の利益をもたらすわけではなくて，社会の利益との調整が必要である，ということが認識されてきています。私が大学の講義で知的財産法を学んだ時には，「労力を投下して一生懸命頑張った人に特許権などを与えることによって発明が促進される」と説明されたように思います。ところが，現在では，たとえば，マイケル・ヘラー『グリッドロック経済』という本，これは原著が2008年で，邦訳は2018年ですが，ここでは，「ネット上の所有権強化は技術革新を殺す」，「多すぎる所有権が市場をつぶす」[11]という考え方が主張されています。また，ロバート・P. マージェス『知財の正義』（原著・2011年，邦訳・2017年）[12]という本も有名ですが，邦訳本の帯には，「知的財産法の正当化根拠は何か，果たして人類に裨益していると言えるのか？　本書はそのような根本問題を問う世界的名著である」と，知的財産法の第一人者である中山信弘先生がお書きになっています[13]。

② 公　共　性

さらにそこに，公共性の問題が出てきます。これは知的財産権についても関係しますが，不動産について多くなされる議論です。先ほど，フランス民法の制定当時から，所有権には他者との関係での

制約があるという考え方が存在していたと指摘されていると申しました。そのような話に現代的な観点が加わって，いろいろな議論がされることになります。

　土地の公共性については，ここ50年ぐらいの議論を遡るだけで，結構面白いのです。私は，昭和34年，1959年生まれですが，私の小学校時代は，「まだまだ日本は貧しいから，がんばって国を富ませましょう」ということが言われていました。小学校時代に習ったことでまだ覚えているのが，日本は，道路の舗装率が低いという話です。そこで，この記憶の正確さを確認するために，1970年の統計を調べますと，イギリスの舗装率が99.7％であるのに対して，日本の舗装率は18.2％とされています(14)。なお，2020年の舗装率は82.5％だそうです(15)。この統計についても，何をもって舗装というのか，舗装率計算の対象とする道路の範囲をどうするか，といった問題があるようですが，しかし，私が小学校5年生であった1970年において，日本において社会資本の蓄積がまだ不十分であったことは確かです。

　そのような中で，1972年に田中角栄という人が，『日本列島改造論』(16)という本を書きました。1972年6月に出版され，その年の7月には，田中角栄は首相になったのでして，政策発表ですね。そこでは，日本は狭いというのが前提で，そこをうまく改造して，効率的に土地が使えるようにすると，みんなが豊かになる，という考え方が展開されています。地方に中核都市をいくつも造り，そこを新幹線と高速道路で結んで，日本全体を開発するという計画です。

　このような大規模な国土改造をしようとしますと，土地は公共財，つまり，みんなのためのものであって，効率的な利用のために

個々人の権利は制約されると考えざるをえません。「国土再開発の
ためには，土地を一定の補償のもとで収容することが積極的に認め
られるべきだ」ということです。そして，そのような考え方は，
1980年代ぐらいまでは結構盛んでした。経済の成長が重んじられ，
そして，まだまだ日本は経済的に成長するのだという認識が背景に
なっています。

　そのような時代に言われたのは，「供用義務論」という考え方で
す。自分が自分の土地を自分勝手に使うのではなくて，もちろん対
価は認められるけれど，みんなのために，それを差し出さなければ
ならない，という話です。もっとも，供用義務論というのは，多様
な性格をもち，そこから出てくる帰結もいろいろありうるのです
が[17]，国土庁（当時。現在は国土交通省に統合されています）の土地
問題懇談会は，その議論から，「土地所有権は，本来，利用を保障
することを主たる目的とするものであるから，単に土地所有者によ
る土地の利用義務だけはなく，自分で利用できない場合には，他人
の利用に供するという義務まで含めた『土地所有者の供用義務』と
いう言葉を用いて，土地所有権の内在的制約を考えるべきであ
る」[18]という結論を導き出しまして，開発・再開発推進論等の理論
的基礎にしたのです。

　ところが，この結果として，土地価格の大幅な値上がりが生じま
した。また，景観などが破壊されて，生活圏が破壊されてきま
す[19]。そうすると，「公共」という概念から開発に結びつけるので
はなく，逆に，「公共」という概念から，だからこそ景観などを維
持しなければならないという話が出てきます。人々は，自分の所有
している土地だからといって，勝手に開発してはいけない，貴重な

水脈があるようなところに突然，大きな建物を建てて，「効率的な運用である」というのは許されない，という話になってきます。

　つまり，「土地は公共財である」という主張から，一時期は，「だから効率的な利用を目指して開発するために拠出しましょう」ということが導かれ，しばらくすると今度は，「景観等を維持するために，勝手なことはしてはならない，効率性だけを考えての利用はやめるべきである」ということが導かれるのですね。

　さらには，ここに，「正義論」というのが出てきまして，みんなが，安心して生活できるように居住権を認めるべきであり，ある人が土地などを独占しているというのは好ましくない，という考え方が出てきます[20]。そこに，近時になりますと，「所有者不明土地問題」というのが関係してきます。

③　所有者不明土地問題
　所有者不明土地問題とはどういうものなのかというのは，ひと言では言えませんが，一例を出します[21]。

　農村部の山の中の土地など，そこに居住して林業をしない限り価値がないような土地については，その所有者が死亡しても相続の登記がなされないままになってしまいがちです。相続した人が興味を持たないのですね。そして，何代も相続が続きますと，誰が現在の所有者か不明になってきます。あるいは，所有者の名前がわかっていても，多数の相続人の共有であり，そのうえ，共有者の一部が海外に居住している，といったこともあります。そういった事情で，土地の管理がなされなくなってしまう。そのような土地が増えてくるわけです。そういった土地が放置されていますと，結構危険で

す。管理がされないと，崖崩れが生じることもありますし，草や木がはびこって近隣に迷惑をかけますし，枯れ木が倒れることもあります。そこで，そもそも所有者不明土地が発生しないように，相続が生じたら相続人に速やかに登記を移転しなければならないようにしましょうとか，管理が不十分な土地については，所有者全員がそろわなくても，管理人を選任して，その者に管理権限を与えましょうとかといったルールを，民法に定めたのです(22)。

さらに，この民法改正について一つ加えますと，自分の土地で工事をするときなどに隣接する土地を使わせてもらう権利を拡大するということが行われました。たとえば，隣の他人の土地との境目に近いところに物を作ろうとするときなどには，工事にあたって，隣の土地を貸してもらう必要があります。そういった隣地を利用する権利も拡充されました。

これらは両方とも土地所有権の制限なのです。「公共性」から開発につながり，「公共性」から景観を維持しよう，自分勝手な利用を制限しようということになる。そして，そのことは，隣地の所有者などに迷惑かけないように管理する義務ということに進んでくる。つまり，「公共性」とひと言でいっても，いろんな現れ方をしてくるのですね。

④　電子書籍に戻って

さて，電子書籍とは関係がないような議論を続けてきましたが，実は関係があるのです。

「自らの労力が投入された財産だから」という理由で，当然に，その財産について，自分が自由に支配する権利を認めるべきだとは

限らないというわけです。どのような内容の権利を与えるのか，を考えねばならず，そうしますと，ある財産が誰かに帰属しているときに，それを所有権の帰属という形で構成すべきか否かも問題となってくる。権利の正当化根拠との関係で考えなければいけないというわけです。

　電子書籍であっても，それがAmazonの事件のように，違法な出版によるものであったり，わいせつ物や差別的な内容のものであったりしたときに，すぐにアクセスを差し止めることができるようにするために，所有権を認めないでアクセス権だけを認めるようにした方がよい。こういう考え方も十分あります。しかし，他方で，一定の本が，ある会社の判断によって，読めなくなってしまうという仕組みを作るというのも怖い感じがします。Amazonの事件においては，出版権がない者が出版した，とされていますが，ある者に出版権があるか否かは，誰がそれを判断するのでしょうか。本来的には裁判所でしょう。しかし，自主的にストップする場合を考えますと，Amazonの判断が重要な意味を持ちます。そうであるならば，シェアの大きな電子出版会社は，流通する電子書籍の内容を自分の判断でコントロールできることになります。私がせっかく本を出しても，仮にその中でAmazonを批判していると，ストップされてしまうかもしれません。それでも，紙の本の出版が併存していればよいのですが，電子書籍が主流となり，かつ，寡占が生じますと，結構怖い社会になります。

　有川浩の小説に『図書館戦争』というものがあります。榮倉奈々，岡田准一で映画化もされました。映画をご覧になった方，あるいは本をお読みになった方が，いらっしゃるかもしれませんが，

これは，メディア良化委員会が不適切としたあらゆる書籍等は，その執行機関である良化特務機関（メディア良化隊）が摘発して，燃やしてしまうという話で，それに，図書隊という組織の人たちが立ち向かうというものです。これは実質的な検閲を，ある特定の政府機関がすべての書籍について行い，強制的に排除してしまうという社会を描いているわけですね。

　所有権というものを認めないでアクセス権だけにして，アクセス権については色々な判断ができるようにしようということになると，焚書はやりやすくなります。物理的に収集して燃やす手間はいりません。それでよいのかが問題であるというわけです。

4 物権の対象が他から区別されるものであること：客体の性質から来る制約（その1）

(1) なぜ有体物か

　2つのトピックとしてあげたうちのもう1つの方，つまり，「客体の性質から来る制約はないのか」という話に移っていきたいと思います。

　所有権は，物を自由に直接かつ排他的に支配できる権利です。民法206条は，「所有者は，法令の範囲内において，自由にその所有物の使用，収益及び処分をする権利を有する。」としており，そこに「所有物」という言葉が使われています。所有権の対象は「物」だということですね。そして，民法85条には，「この法律において，『物』とは，有体物をいう。」と規定されています。

　それでは，「有体物」とは何か，ということになりますが，この点については，「空間の一部を占めて，有形的な存在を持つもの」と言われています。この定義を前提としますと，電子書籍というのはデータであって，有体物ではありませんから，そこには所有権は成立しないことになります。したがって，「所有権は成立しません」という結論を示して，それで終えることも可能です。しかし，そもそも民法206条はどうして「有体物」に限定したのか，という問題があります。その理由が十分に説得的であれば，「所有権という概念をデータに拡大してはいけない」ということになりますが，有体物への限定の理由に即して考えるとき，「いや，そういった理由からすれば，データに拡大しても差し支えないはずだ」ということ

になるかもしれません。そこで，所有権の客体が「有体物」に限られるのは，どういう理由からなのか，を検討しなければならないのです。このあたりも長い歴史がありまして，私も十分に理解しているとは言えないのですが，なるべく咀嚼して説明したいと思います[23]。

所有権の客体を「有体物」に限定する際，その大前提として，「自己と外界を区別する」という考え方があるとされます。つまり，自分は自分の権利対象ではないということです。そして，「外界」といっても，他人の人格を権利対象とすることはできません。「他者の人格の尊重のためには，他者そのものを権利の対象にはできない」というわけです。他者に対しては，せいぜい何かを請求することにできるに留まる。つまり，当該他者が自ら一定の行為をする，あるいは，一定の行為をしないことを求めることができるだけであって，他者を直接的に支配することはできない。そういう考え方ですね。以上に対して，他者を除く「外界」に対しては直接的に支配することを認めてよい。もちろん，先ほど申し上げた正当化が認められる場合だけですが，対象としては，他者そのものを除く「外界」が，権利の対象となりうるということになります。

なお，関連して，精子や卵子や臓器などが，所有の対象となるかが問題とされることがあります[24]。この話は，お金を取って臓器などの売買をしてよいのか，という倫理的な問題につながるとともに，精子や卵子や臓器・血液といったものを，どれだけ人に内在的なものと捉えるのかという問題と関係しているのです。血液を採取して，体外に出してしまえば，もうそれは人格とは関係がなくなり，外界に存する単なる有体物であって，直接的な支配の対象にな

ると考えるか，そうではなく，やはり，人格と結びついていると考えるのか，ということです。後者のように考えると，血液について所有するというのは，他者を所有するという話になってくるので許されない，ということになります。

このときも，人体の各部分を一律に論じることは適当ではありません。髪の毛とか血液とかは，身体から分離されると所有の対象になると比較的認めやすいのに対して，精子とか卵子とかについては認められにくいと考えられます。これは，精子や卵子が，それをもとに遺伝子情報が伝達されていくという性質を有するので，人そのものとの区別が曖昧である，というところに理由があるのだろうと思います。

(2) 特 定 性

外界だけが所有の対象となると致しましても，実は所有権を観念するのにもう1つ重要なポイントがあります。それは，特定性が要求されるということです。外界についても，その全体を支配するということはありえないので，対象内と対象外との物理的な境界が明確であるということが要求されます。「これは自分の物であるのに，他者がそれを妨害するのだ」と主張できるためには，この対象が他のものと区別され，独立性があるということが必要だということです。

さて，紙の書籍は，独立しており，特定できるというのは明らかですが，電子書籍はどうでしょうか。外界に属するということは明らかなのですが，それが特定されたものとして，他のものと区別されるのかというと，そうは言えそうもありません。ウェブ上の本棚

に置いている電子書籍を読むときに、自分が購入したデータをそのまま閲覧するわけではありません。

　ここが紙の本との大きな違いです。たとえば、私がある本を誰かに預けているとします。読むときにはそこから返してもらって読むということにしていましたら、その預けている本そのものをそこから返してもらって読むわけですね。コーヒーをこぼしたシミがあれば、シミのある、その本です。ところが、電子書籍でいったん購入したものについて Kindle の本棚に預けておきますという話になったときに、自分がいったんはダウンロードしたり、アクセスしたりしたデータそのものにもう1回アクセスするわけではありません。同じ内容のデータを閲覧するだけであって、購入したデータそのものではありません。そうしますと、電子書籍というのは所有の対象とならないということになりそうです。

　しかし、さらにもう少し考えてみたいと思います。

(3) 種類物の重要性

　ここまで、所有権を認めるためには客体の特定性が必要であるということを前提にしてきました。たしかに、それが伝統的な考え方です。しかし、所有権の客体に本当に特定性は必要なのだろうか、ということも考えてみる余地がありそうなのです。

　もちろん、土地の所有を考えたとき、東京都荒川区西日暮里の土地を所有して、それを第三者に貸していたところ、賃貸借の期間が終わった時点で、東京都葛飾区亀有の土地を返してもらった、というのでは納得できないわけでして、貸した土地を返してくれなければ困ります。しかし、同種同等のものを返してくれればよいという

場合もあります。

　江戸時代から「米券倉庫」という制度がありました。自分のお米を倉庫に預け，代わりに預かり券を発行してもらうのですが，そのとき，倉庫業者は，いろいろな人から預かった米を，もちろん等級などでの分類はするのですが，同種同等であれば，分別しないで保管するのです。そして，その預かり券の所持人が，その券を提示して，返還を受けるときは（預かり券を譲り受けた人が返還を受けることが通常です），預けた米そのものの返還を受けるのではなく，同種同等の量のお米が引き渡されることになります。古い文献から引用しますと（カタカナ部分を平仮名に直しました），「寄託米は厳重なる検査を行ひて其の種類等級を区別し，甚しき劣等米は保管を拒絶する。而して保管米は此の区別に従って，同種同等級のものは混合して貯蔵すること」[25]とされています。

　お米というのは，さきほどの「有体物」の定義に照らしますと，まさに，「空間の一部を占めて，有形的な存在を持つもの」ですから，明らかに所有の対象となりそうです。そして，所有権を認めることは，権利者の利益の保護のために重要なことのように思われます。ところが，ここでは特定性にあまり重要性が置かれていません。もっとも，古い文献でも，「倉庫に穀物を寄託したる者は，其の当該穀物に対する所有権は之を失って其れと同種類同品位の同量穀物に対する権利を取得する」[26]というものもあります。これは，倉庫業者に米の所有権が移転し，権利者は倉庫業者に対して，預けた米と同等の米を引き渡せという債権的な権利だけ有するという分析です。しかし，「寄託物は混和に因りて総寄託者の共有に属し各寄託者か其自己の持分に付き返還を受くへきことを約する場合」も

あると指摘されています[27]。米は預けた人の共有になっているのであり，倉庫業者の所有になっているわけではない，というわけですね。

このように預けた人にお米の所有権を認めるかどうかについては意見が分かれるようですが，重要なのは，同種の財産がたくさん存在するような場合には，「この物」についての所有権を観念するための特定性の重要性は低下し，量が確保できれば，それでよいということになりそうだということです。

こういった物のことを「種類物」ということがありますが，種類物は現代社会ではとても増えてきています。古くは，衣服にせよ，農機具にせよ，すべて，まったく同じ物は存在しなかったのです。したがって，物には個性があったのですね。衣服も農機具も一つ一つ作られました。しかし，現在は，注文服といった贅沢をしない限り，同じ衣服はたくさんあります。パソコンだって，そうです。そうなると，特定性が物権の基本概念として重要だとされてきたのだけれど，それは現代社会では変容を受けるのではないか，ということになってきます。なお，混合寄託については，2017年に民法に明文の規定が置かれるに至りました。民法665条の2第1項は，「複数の者が寄託した物の種類及び品質が同一である場合には，受寄者は，各寄託者の承諾を得たときに限り，これらを混合して保管することができる。」としまして，続く同条2項は，「前項の規定に基づき受寄者が複数の寄託者からの寄託物を混合して保管したときは，寄託者は，その寄託した物と同じ数量の物の返還を請求することができる。」としています。この条文の意味についてはいろいろな意見がありえますが，私としては，種類物の経済的重要性の増

加を踏まえたものだと思います。

　以上は，代替性のある財産，まったく同じ財産が複数存在する場合についての話ですが，データであっても独自性があると思われるときもあります。みなさんがお作りになった Word ファイルを，iCloud とか OneDrive とかに保管しますと，そのデータには確かに独自性があって他とは区別できます。しかし，そのファイルをみなさんがもう一度編集しようと思ったときを考えると，特殊性がわかります。みなさんが，クラウドからファイルをダウンロードして編集しているとき，停電となり，ファイルがみなさんのパソコンの内部から消えてしまったとします。しかし，このときも，編集前のファイルはクラウドには存在しますよね。ということは，ファイルはみなさんのもとに戻ってきているのではなく，その複製データをもとに編集しているだけだということがわかりますね。

5　物権の対象が空間の一部を占めているものであること：客体の性質から来る制約（その2）

(1)　有体性と支配

　次に，所有権の客体は，空間の一部を占めている有体的なものでなければならない，という点についても，少し考えてみたいと思います。

　すでに述べましたように，有体性が，他の物との境界をつけて，客体を排他的に「支配」できるようにするための要件であるならば，何らかのかたちでそれが可能になる財産があれば，「空間の一部を占めている有体的なもの」といった定義に当てはまらなくても，所有権や他の物権の客体として認めてもよいのではないか，と考えられないではありません。

　日本民法というのは，明治の初期に，ボアソナードというお雇い外国人がやってきまして，その人が主に作成した旧民法典を，後に修正したものなのですが，そのボアソナードが作った旧民法典に，財産編第6条というのがありました。次のような条文です（片仮名を平仮名にしました）。

　　　物に有体なる有り無体なる有り
　　　有体物とは人の感官に触るるものを謂ふ
　　　即ち地所，建物，動物，器具の如し
　　　無体物とは智能のみを以て理会[28]するものを謂ふ
　　　即ち左の如し

第一　物権及び人権

第二　著述者，技術者及び発明者の権利

第三　解散したる会社又は清算中なる共通に属する財産及び
　　　債務の包括

　こういうわけです。「『物』とは，有体物をいう。」というのが現
在の法律なのですが，明治期に最初に考えられた民法では，「無体
なるもの」も「物」であるという内容だったのですね。そして，こ
の点をもって，旧民法典は，無体物を中心とした各種の利益を排他
的に支配するということを認めることを構想している立場であっ
て，実はきわめて現代的なものであったとして評価される方もい
らっしゃいます(29)。

(2) 仮想通貨・暗号資産

　この問題は，【事象2】に関連してきます。

　電子的なデータは，それにアクセスできるかもしれないけれど
も，常にあらかじめそこに存在しているわけではありません。その
電子データは，その都度，作成されるということもできます。この
ようなデータについて所有権が観念できるか，ということを議論し
てきたわけですが，そういったものの1つの事例として，ビット
コインなどの仮想通貨を考えてみよう，というのが次のテーマにな
ります。

　仮想通貨というのは，お金と一緒なのだから，硬貨や紙幣が所有
権の対象となるのと同じく，所有権の対象となるのではないか，と
単純に考えることもできそうです。しかし，まずは，仮想通貨，具

体的には，ビットコインについての法律関係について考えていきましょう。図2をご覧ください。

　ビットコインの議論をするときに区別しなければならないのは，ブロックチェーンを用いた取引に直接に参加している者，いわゆる交換業者とか取引所と言われることが多いと思いますが，このような者の権利と，交換業者を通じてビットコインを購入している者（購入者）の権利です。この二者の権利を分けて考える必要があります。

　交換業者とは，具体的には，コインチェックという会社やDMM

図2　ビットコインの法律関係

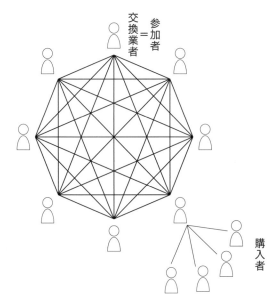

ビットコインという会社になります。たとえば，私が，ビットコイン100万円分を購入したいと思ったときは，様々な交換業者のうちの1社に対して，「100万円を貴社に送るので，100万円分のビットコインを購入してください」と依頼することになります。そうしますと，交換業者は，他の参加者（交換業者）からビットコインの購入を行います。売り手となる交換業者は，自分の顧客からビットコインの売却を頼まれているわけです。そうすると，一方の交換業者は売り，他方の交換業者は買う。このような取引が行われます。

交換業者が，参加者のサークルにおいてアドレスを有し，その者が一定のビットコインを「保有している」ことはたしかです。もっとも，「ビットコインを保有している」というのがどういう状態なのか，というと，いろいろな議論があります。私は，「ビットコインの取引ネットワーク上で，ある者がα単位分のビットコインを保有しているというのは，その者が，そのネットワーク上で，α単位分のビットコインを他の参加者に対して移転することができると他の参加者から承認されているということである」と考えています[30]。

Aが100単位保有しているというとき，Aが，Bに対して，そのうち50単位を移転することにして，そのことをブロックチェーンで明らかにしたときに，他の参加者がそれを承認すると，Aが保有していた100単位のうち50単位がBに移転したということになり，Aが50単位，Bが50単位有していることになります。その状態を，参加者みんなが承認していることにより，その正当性が確保されるのです。その後，Aが，残りの50単位をCに移転するということになると，その時点で，Aは50単位を保有している，つま

り，50単位を他者に移転できるという地位を有していますから，その移転は他者から承認されます。ところが，Aが，70単位をDに移転するということをブロックチェーンで明らかにしますと，Aには，50単位しかありませんから，70単位の譲渡は他の参加者によって承認されないことになります。

　つまり，その時点で，それだけを譲渡できる地位が他の参加者から承認してもらえるという，そういう権利を有するということが，ビットコインならビットコインという，仮想通貨を有するということなのですね。

　そして，以下，若干，繰り返しになりますが，各参加者がどれだかのビットコインを持っているかというのは，先ほども申しましたとおり，ブロックチェーンで特定されています。ブロックチェーンによる取引の正当性が他の参加者によって承認されると，ある参加者がどれだけのビットコインを保有しているか，つまり，移転する権利を有しているかは，一義的に決まります。そして，ある参加者の保有するビットコインについて，――ウォレット（財布）と言われるアカウントに入るというかたちで記載されているのですが――誰か別の者が何らかの不正な行為をして20単位を移転したとしましても，不正に移転されたのが，そのウォレットに存在した50単位のうち20単位であるということが一義的に判断できます。そこで，その権利の回復を求めるうることになりますが，そうすると，各参加者は，それだけの量の権利を他者を排除できるかたちで有しており，その「支配」があるのだから，「所有」しているといってもよいのではないか，という感じもしてきます。

　以上に対して，私たちがビットコインを買うというときは，先ほ

ど申しましたように，交換業者に購入を依頼し，交換業者はその依頼に基づいて購入するのですが，参加者のサークルにおいては，私たち購入者の名前は表に出てきません。あくまで，交換業者が，ビットコインの保有者として登場します。もっとも，仮にここでビットコインを所有権の客体であると認めるとしますと，交換業者の名前しか表に現れていなくても，なお，購入者が所有権を有しているということは不可能ではありません。このあたりはかなり複雑な話になるので省略せざるをえませんが，関連する話は後で出てきます。

(3) 東京地裁平成 27 年 8 月 5 日判決

さて，こういった話が問題になったのが，東京地方裁判所平成27年8月5日判決の事件です。

マウントゴックス社という会社の破産事件ですが，マウントゴックス社というのは，この当時，世界最大のビットコイン交換業者でした。このマウントゴックス社を通じてビットコインに投資をしていたXという人がおりまして，この人は450単位のビットコインをマウントゴックス社を通じて購入していたのです。ところが，マウントゴックス社が破産しました。

破産したということは，マウントゴックス社が負っている債務のほうが，同社が有しているプラスの財産よりも多く，債務を支払えなくなってしまった，ということです。そこで，プラスの財産を，いろいろな債権者に割合的に平等に財産を分配することになります。このための手続が破産手続です。この手続においては，プラスの財産の総額が債務総額の3分の1しかなければ，大体でいえば

—— というのは手続にかかる費用など，いろいろありますので
—— 各債権者は自分の債権額の３分の１しか回収できないわけで
あり，Xがマウントゴックス社に対して債権しか有していないとさ
れると，150単位のビットコインに相当する金銭の支払いだけを受
けることになります。

　それでは嫌だ，ということで，Xは，ビットコインに対する所有
権を主張しました。つまり，「マウントゴックス社が保有者として
ネットワークによって認められているビットコインのうち，450単
位は自分の所有物である」と主張して，破産管財人のYに対して
返還を請求していったのです。仮に，450単位がXの所有物です
と，それは，債権者に分配される財産から除外されて，Xに返還さ
れることになります。しかし，これに対して，Yは，マウントゴッ
クス社がネットワークにおいて権利者として認められているビット
コインについてXは所有権を有していない，ただ，マウントゴッ
クス社に対して450単位分を引き渡せという権利を有しているだ
けであって，それは，所有権ではなく，マウントゴックス社に対す
る債権である，と主張して，裁判になったわけです。

　争いになった結果として，平成27年8月5日に東京地方裁判所
で判決が下されました。そこでは，ビットコインが所有権の客体と
なるためには，有体性および排他的支配可能性が必要である，とし
たうえで，まず，

　　　「ビットコインには空間の一部を占めるものという有体性が
　　ないことは明らかである」

とします。このことだけで，Xの所有権を否定することもできるの

ですが，判決はもう少していねいに考えています。そして，

> 「口座Aから口座Bへのビットコインの送付は，口座Aか
> ら口座Bに『送付されるビットコインを表象する電磁的記録』
> の送付により行われるのではなく，その実現には，送付の当事
> 者以外の関与が必要である。」

ということを指摘します。つまり，自分だけで権利を実現できるわ
けではない，というわけですね。そのうえで，

> 「特定の参加者が作成し，管理するビットコインアドレスに
> おけるビットコインの有高（残量）は，ブロックチェーン上に
> 記録されている同アドレスと関係するビットコインの全取引を
> 差引計算した結果算出される数量であり，当該ビットコインア
> ドレスに，有高に相当するビットコイン自体を表象する電磁的
> 記録は存在しない。」「上記のようなビットコインの仕組み，そ
> れに基づく特定のビットコインアドレスを作成し，その秘密鍵
> を管理する者が当該アドレスにおいてビットコインの残量を有
> していることの意味に照らせば，ビットコインアドレスの秘密
> 鍵の管理者が，当該アドレスにおいて当該残量のビットコイン
> を排他的に支配しているとは認められない。」「上記で検討した
> ところによれば，ビットコインが所有権の客体となるために必
> 要な有体性及び排他的支配可能性を有するとは認められない。
> したがって，ビットコインは物権である所有権の客体とはなら
> ないというべきである。」

としました。この論理は，この事件におけるXに所有権が認めら

現代ドイツの外交と政治〔第2版〕

〔現代選書〕　　　**森井裕一** 著

四六変・並製・336 頁　ISBN978-4-7972-3309-4 C3332
定価：**3,520 円**（本体 3,200 円）

ドイツは日本と似ているのか？　戦後の政治
外交史を辿る。安定・民主主義・分権・EU
を視角にした薄型概説書の改訂版。占領〜第
一次メルケル政権を 200 頁弱で概観。

力点憲法

齊藤正彰 著

A5 変・並製・268 頁　ISBN978-4-7972-2373-6 C3332
定価：**3,190 円**（本体 2,900 円）

図解と項目選定に「力点」を置いた新型入門教
材が誕生。図解は 250 以上配し、学習のスター
トに有益な 30 章を選び、違憲審査の説明に
計 5 章分を割く。薄さと相互参照も追求。

宅建プロフェッショナル六法2024

池田真朗 編

A5 変・並製・380 頁　ISBN978-4-7972-7094-5 C3332
定価：**2,750 円**（本体 2,500 円）

宅建試験受験者が、具体的な条文で本質的な
理解を深め、また合格後も、法令の最新改正
をフォローし、より的確な仲介業務等を実現
するために必備の六法最新版。

〒113-0033　東京都文京区本郷6-2-9-102　東大正門前
TEL：03(3818)1019　FAX：03(3811)3580　E-mail：order@shinzansha.co.jp

信山社
http://www.shinzansha.co.jp

農林水産法研究 第3号臨時増刊

奥原正明 責任編集・著

菊変・並製・68頁　ISBN978-4-7972-8843-8 C3332
定価：1,980円（本体1,800円）

急遽第3号は2024年の通常国会に提出された「食料・農業・農村基本法の一部を改正する法律案」について、法律成立前に法案の論点を問う緊急臨時増刊。

新会社法〔第6版〕

〔法律学の森〕　青竹正一 著

A5変・上製・880頁　ISBN978-4-7972-2916-5 C3332
定価：7,700円（本体7,000円）

会社法施行規則、産業競争力強化法等の改正、ソフト・ローの改訂・公表、また、最高裁判所の判例をはじめ、会社法全般にわたって相次ぐ重要判例を組み入れた最新第6版。

商法総則・商行為法〔第4版〕

〔法律学講座〕　青竹正一 著

A5変・並製・726頁　ISBN978-4-7972-8061-6 C3332
定価：7,920円（本体7,200円）

研究から実務まで幅広く有用の好評書、2024年3月刊行の最新版が登場！　最近の改正（電気通信事業法施行規則、金融商品取引法等）を反映し判例および文献も補充した第4版。

〒113-0033　東京都文京区本郷6-2-9-102　東大正門前
TEL：03(3818)1019　FAX：03(3811)3580　E-mail:order@shinzansha.co.jp

信山社
http://www.shinzansha.co.jp

海と国際法

柳井俊二 編著

A5変・並製・312頁　ISBN978-4-7972-1325-6 C3332
定価：3,960円（本体3,600円）

海に関わる国際法の主要分野である、領域、航行の自由、資源、経済活動、安全保障等々、第一線研究者による最新の海洋法テキスト。海洋国家を守るための最先端の基礎知識を学ぶ。

海の安全保障と法
日本はグレーゾーン事態にいかに対処すべきか

鶴田　順 著

A5変・並製・136頁　ISBN978-4-7972-7040-2 C3332
定価：1,980円（本体1,800円）

安全保障課題をグレーゾーン事態対処を切り口に照射。「領域主権侵害排除行動」の創設も提言。

国民経済原論 経済原論教科書
〔福田徳三著作集　第2巻〕（第13回配本）

福田徳三研究会 編　　池田幸弘 編集・解題

A5変・上製・388頁　ISBN978-4-7972-8082-1 C3332
定価：8,580円（本体7,800円）

「福田経済学体系の本質とは何か？」を問う。最終生産物や生産要素の価格決定等、現代の価格理論への架橋。

〒113-0033　東京都文京区本郷6-2-9-102　東大正門前
信山社
TEL：03(3818)1019　FAX：03(3811)3580　E-mail：order@shinzansha.co.jp
http://www.shinzansha.co.jp

シン会社法プラス

上田廣美 著

A5変・並製・320頁　ISBN978-4-7972-3581-4 C3332

定価：3,520円（本体3,200円）

企業を目指す一般の大学生やビジネスマンのためのわかりやすいテキスト。理論と実務は車の両輪。ハード・ローとソフト・ローが、これ1冊で両方学べる、待望のテキスト!!

労働法〔第8版〕

川口美貴 著

A5変・上製・1112頁　ISBN978-4-7972-3658-3 C3332

定価：5,500円（本体5,000円）

要件と効果、証明責任を明確化。新たな法改正・施行と、最新判例・裁判例や立法動向に対応。長年の講義と研究活動の蓄積を凝縮した労働法のスタンダードテキスト第8版。

Primary行政法

村中洋介 著

A5変・並製・336頁　ISBN978-4-7972-3471-8 C3332

定価：3,520円（本体3,200円）

初学者のための法律学入門書、プライマリーシリーズ第1弾。事例・判例をベースに、わかりやすく、学習に必要十分な情報と独学学習にも使いやすく解説。

〒113-0033　東京都文京区本郷6-2-9-102　東大正門前

TEL：03(3818)1019　FAX：03(3811)3580　E-mail：order@shinzansha.co.jp

 信山社　http://www.shinzansha.co.jp

れない，というだけではなく，およそビットコインは所有権の客体
とはならない，という論理です。

(4) 所有権によらない解決

　ビットコインは所有権の客体になりません，したがって，取り戻
しということは認められません，と東京地方裁判所は判断したわけ
ですが，それでは，所有権の客体であると認めなければ，取り戻し
を認めるという結論は絶対に出てこないのでしょうか。

　私は，ここまで，所有権が成り立つかどうかといった話をしてき
ました。そして，ビットコインについて所有権が成り立つかどうか
という問題を立てて，成り立たないとする判決を紹介したわけで
す。

　このような判決を踏まえたとき，進みうる方向は2つあります。

　1つは，東京地方裁判所の判決を批判して，「やはり所有権の客
体になると考えるべきだ」として，議論を発展させていくという方
法です。これも十分あります。東京地裁の1つの判決にすぎない
わけですから，それと違う結論を採る余地は残っています。

　しかし，もう1つの方法も考えられるのでして，所有権の客体
としては認められなかったということを前提にして，しかし，X
が，マウントゴックス社の破産手続において，割合的な配当ではな
くて，優先的に自分の財産を回収すること，購入していたはずの
ビットコイン相当額を破産手続において優先的に回収するというこ
とを認めよう，というのも，ありえない考え方ではありません。所
有権を認めなくても，同じような効果を認めることができるのでは
ないかとも考えられるのです。

と申しますのは，所有権という考え方も，世界各国でかなり違います。民族学的な話[31]として言っているわけではなく，各国の法で考え方はかなり違います。

　私は，本日の冒頭で，民法学において伝統的に語られるところについてまずお話しましょう，というわけで，権利は物権と債権に分かれるという話をしました。しかし，物権と債権に分かれるというふうな話自体が，実は，古代ローマから発生した法律を使っている国々の発想なのですね。古代ローマの法が，ヨーロッパ大陸の各国に伝わり，日本においては，それを明治期に採り入れたのでして，ヨーロッパ大陸の各国，フランス，ドイツ，イタリア，スペインといった国々，さらには，その影響を受けて近代法を整備した日本，韓国などの国々の法はローマ法の影響下にあります。

　これに対して，イギリス（スコットランドではなく，南部のイングランド）は，ローマ法の影響をあまり受けないで，独自の発展を遂げました。そして，その法が，アメリカ合衆国やシンガポール，オーストラリアなどに伝わっていきました。このような国々の法は，物権と債権に明確に分けましょうという考え方が，それほど強くは存在しないのです。

　そこで，この問題も，所有権という考え方を使わなくても，もっと別の考え方ができるのではないか，ということになります[32]。

①　アメリカ合衆国における動向

　最初はアメリカ合衆国です。

　こういった問題について，アメリカ合衆国では，各州が独立の立法権を有しますので，バラバラになりうるのですが，取引関係の法

はなるべく同一にしておかなければ不便である，というわけで，アメリカ法律協会と統一州法委員会国民会議というところが統一商事法典（Uniform Commercial Code：UCC）とよばれるモデル法を作成しています。この法典を各州で採用してください，というわけでして，採用しなければならないという強制力はありませんが，事実として，全州でほぼ全面的に採用されています。そして，統一商事法典は時代に合わせて改正作業が行われるのですが，2022年の改正によって，第12章に「支配可能な電磁的記録（controllable electronic records）」についての規定が置かれるに至りました。もっとも，これはできたばかりですので，採用している州は，まださほどの数ではありません。しかし，アメリカ各州の法は，この第12章が定める内容で統一されていくのだと思います。

　この改正モデル法は，「支配可能な電磁的記録」を，無形資産のうち電磁的媒体によって記録された「支配（control）」可能なものだと定義します。そして，「支配」がある，という状況を定義しまして，①電磁的記録から生じる実質上すべての利益を利用できる地位にあること，②その利益を他者が利用することを排除できる排他的な地位にあること，③電磁的記録の支配を他者に移転できる排他的地位にあること，という3つの要件を備えており，かつ，氏名，識別番号，暗号鍵，事務所，口座番号等によって，ある者について，上記の支配が認められることが特定可能であること，とされています（§12-105 (a)）。加えて，重要なことに，この支配は，一定の要件が満たされていれば第三者を通じて行うこともできる，とされています（§12-105 (e)）。つまり，ビットコインについていえば，先ほど説明したように，その取引サークルにおいて電磁的記

録によって直接に権利者として示されているのは交換業者だけなのですね。そして，私たちがビットコインを購入したときには，その地位は，その交換業者のシステムを通じて記録されているにすぎません。しかし，その交換業者が，ある購入者のために購入したときには，その購入者が交換業者を通じて「支配」を有していることになるとされているのです。

それでは，そういった「支配」があると，たとえば，東京地裁の判決の事案のように，取引業者が破産したら，購入者の権利が，その破産手続においてどのように扱われるのでしょうか。このことについては，実は，統一商事法典に書かれていません。しかし，たとえば，ビットコインは，「支配可能な電磁的記録」に該当し，その記録がされていると考えられますので，購入者がそのビットコインを「支配」していることになります。そうすると，記録された権利の帰属が認められますので，購入者による取り戻しが認められることになると考えられます。

② ユニドロアの原則

次に指摘すべきなのは，ユニドロワという機関が検討している，「デジタル資産と私法のプロジェクトによる原則（Digital Assets and Private Law Project Principle)」というものです。ユニドロワ（統一私法国際協会）というのは，私法の領域において国際的な法の統一をしようとしている国際機関でして，そこが，将来において世界標準の法内容はこうなるべきだ，という「原則」を示すのですが，それが当然に各国の法になるわけではありません。しかし，世界の法の方向性を示しているとはいえます。

　2023年初頭の草案では，「デジタル資産（digital asset）」という概念を定義しまして，「支配の対象となりうる電子的記録」であるとします。ここでは，アメリカ合衆国の統一商事法典と同じく，「支配」という言葉が使われており，どういった場合に支配が認められるのか，というのも，統一商事法典とほぼ同じです。そのうえ，交換業者の倒産については，「保管者が顧客のために保管契約に基づいて保持しているデジタル資産は，保管者の倒産財産の一部とはならない。」という結論だけを示しています（原則第13）。つまり，そのデジタル資産は，保管者に対する債権者への支払に用いられるのではなく，顧客，つまり，ビットコインならビットコインを取引業者から購入した者が，購入した量のビットコインを取り戻すことができる，としているのですね。

③　イギリスにおける動向

　イギリスでも，法改正の責任を負う委員会が，2023年6月に，最終報告書を出しました。そこでは，デジタル資産は，占有可能な有体財産でもなく，債権でもなく，第3のカテゴリーの財産である，という方向性がとられるべきだとしています。

　所有権が認められるか，といった議論をするのではなく，様々な場面における妥当な結論がいかなるものであるかを，率直に議論しよう，というわけでして，イギリス的だともいえます。

　日本においても，「支配」に近い概念構成で考えていこうという方向性は有力に存在します。しかし，ここで紹介した国々における議論よりも，やはり，所有権が認められるのか，認められないとし

たらどのような権利なのかを伝統的な考え方とは矛盾しないかたち
で検討していこう，という方向だろうと思います⁽³³⁾。それに対し
て，所有権概念によらないで，実用主義的に考えていこう，という
流れも，国際的には存在するというわけです。

6 所有権の抽象性と具体性

(1) 不動産の流動化

　ここまで，ビットコインなど，有体的な実体が存在しないものについて，ブロックチェーン技術などを用いた「支配」を行い，それによって，所有権を認めたり，あるいは，所有権を認めるのと同じような効果を導いたりするという話をしてきました。しかし，有体的な実体があるものについても，支配の形態をあえて変えることがあります。

　それは，最初に提示しましたもののうち，**【事象3】**というものでして，「ある土地を所有している人が，その不動産を賃貸して，その賃料収入を受ける権利を投資家に販売した。投資家の有しているのはどんな権利なのか」という話です。この**【事象3】**のような話を，「資産の流動化」と言います。不動産であれば，「不動産の流動化」と言ってもよいですが，流動化される可能性があるのは不動産だけではありません。貸金債権などについて，その返済を受ける権利を売却するという方法で，流動化の対象とすることもあります。

　不動産の流動化に絞っても，いろんなシチュエーションでされるのですが，1つ例を出しましょう。

　たとえば，大きなビル（甲ビル）を所有している会社Aがあり，そこが，新規事業のために一定額の資金を調達する必要があるとします。このとき，銀行からお金を借りるという方法もあるのですが，甲ビルを利用して複数の投資家から資金を調達することにしま

す。その方法として，まず，甲ビルを購入して，第三者に貸し出すという仕事だけをする特別の会社を作ります。これを特別の目的のための会社ということで，Special Purpose Company と言うことがあります。会社という形式をとらないこともありますので，もっと抽象的に，Special Purpose Vehicle，略して SPV ということもあります。この SPV は，甲ビルを用いての資金調達という特別の目的のためだけに作られた事業体ですから，資金がありません。そこで，投資家を募り，その投資家から拠出されたお金で，甲ビルを買うわけです。もちろん，投資家だって儲からなければ資金を出しません。SPV は，「投資すると儲かりますよ」といって資金を集めるわけですが，より具体的には次のように言うのです。「みなさんから資金の拠出をいただきますと，そのお金で甲ビルを買います。甲ビルは 100 億円です。そして，それを他の人に貸し出します。そうすると，賃料が入ってくるわけですが，その賃料として回収されたお金を，一定の手数料は取りますが，みなさんにお支払いします。今の状況ですと，賃料として，1 年間で 5 億円入ってきますので，みなさんは，年 5 ％で投資金を運用できることになります。そして，10 年後に，甲ビルは第三者に売却されます。甲ビルは古くなりますが，他方で，不動産相場の値上がりが予想されますので，100 億円で売れると思われます。そうしますと，みなさんはその売買代金から元本全額を回収できることになりますので，10 年間の運用益は投資額元本にプラスして取得できることになります。」
── こういうわけです。

　お金の流れを考えてみますと，図 3 のようになります。Vehicleというのは，「乗物」とか「車輌」とかが普通の意味ですが，根本

図3　不動産の流動化の一例

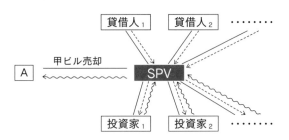

　　　　　───── ：契約関係
　　　　　∿∿∿∿∿▶ ：売買代金の流れ
　　　　　‥‥‥‥▶ ：賃料の流れ

的には，「あるところからあるところにあるものを移動・移転する
ための手段」という意味なのですね。投資家のお金をAに移転し，
他方で，賃料を投資家に移動するための手段としてSPVが機能し
ているわけです。

　もちろん，予想よりも賃料相場が下がることもありますし，甲ビ
ルも減価してしまうかもしれません。そうすると，投資家は損害を
被ります。しかし，逆に，賃料相場も中古ビルの相場も値上がり
し，投資家はもっと儲かるかもしれません。投資にはリスクがある
わけですね。そこで，そのリスクを分散して，100億をうまく調達
できるようにするために，SPVは，たとえば，100人の投資家から
1億円分ずつの投資してもらうようにします。さきほど，1年で5
億円の賃料が入ってくるといいました。これが100人の投資家に
分割されるので，各投資家は年間500万円の支払いを受けること
になりますが，リスクは軽減されますので，資金は調達しやすくな
るわけです。

さて，このような関係において，甲ビルの所有権をもっているのは，たしかに SPV です。しかし，SPV は，それを第三者に貸し，賃料を受け取り，そして，その賃料は，手数料を引いて，すべて投資家に渡してしまいます。つまり，甲ビルから生じる利益は，すべて投資家が有しているのです。形式的には所有権は SPV にあり，投資家は，SPV に対して，「回収した賃料を渡せ」という金銭債権しか有していません。繰り返しになりますが，甲ビルから生じる利益は，すべて投資家が有しているわけでして，こういったとき，SPV がもつ所有権は形式的なものになっていると観察できそうです。甲ビルを「支配」しているのは，投資家であり，そして，実は投資家が誰かということは，現在では，コンピュータベースで管理されています。そうすると，コンピュータ上に名前があるということによって，支配しているというわけで，これは，さっき言ったデジタル資産を支配しているという場面に，だんだん近づいてきます。

(2) ハウイ事件

　実は，こういったときに投資家が有している権利は何なのか，目的物の所有権なのか，ということが，重要な争点になったこともあります。

　アメリカ合衆国の事件なのですが，少し簡略化して示しますと，ハウイという会社はフロリダ州に広大なオレンジ果樹園を所有していたのですが，所有している土地の半分を複数の区画に分けた上，その各区画を売却したのですね。そうなると，たんなる土地の売買のようにも思えますが，この区画を購入した人たちは，フロリダ州

の住民でもなく，農業経験もない人たちでして，農業のための技術
も設備も有していませんでした。それではどうするのか，という
と，購入者は，購入と同時に，購入した区画についての業務を特定
のサービス会社に委託するのです。そのサービス会社は業務委託を
受けた区画を別の特定の会社に賃貸し，賃借人である会社がそこで
オレンジ果樹園の経営を行い，それにより上げた利益をサービス会
社に支払います。そして，サービス会社が区画の購入者にその利益
を交付するということにしていたのです。区画の購入者は，収穫物
については何らの権利も有しないとされていました。果樹園経営か
ら生じる利益を金銭で受け取るという権利を有するだけです。

　これに対して，文句を言ったのが，アメリカ証券取引委員会で
す。同委員会は，これは，不動産の売買契約ではなく，投資契約で
あり，そうだとすると，同委員会に対する届出が必要になるとこ
ろ，それを行っていないから，勧誘・販売は認められない，と主張
したのです。つまり，購入者が有しているのは，不動産所有権では
なく，一定の金銭を支出して，それが他者によって運用されること
によって，収益を得るという権利にすぎない，というわけです。

　そして，アメリカ連邦最高裁判所は，1933年に，アメリカ証券
取引委員会のこの主張を認め，区画の購入者と販売者との間の契約
は「投資契約」である，という判決を下しました(34)。不動産の所
有権を有しているわけではなく，一定のメカニズムによって収益を
得る権利を有しているだけだ，という結論です。

　この判決で示された「投資契約」の該当性の判断基準は，ハウイ
基準と呼ばれまして，実は，日本の金融商品取引法の解釈にも採り
入れられています。有している権利が所有権といえるかどうかは，

実際の結論にも影響を及ぼすのですね。

(3) 客体の個性の喪失

　ただし，実は，このように複雑な取引を考える必要はありません。私は，東京の住宅地に住んでいますが，実は資産家で，東京都千代田区丸の内に20階建てのビルを所有しているとします。このとき私が，このビルの所有権を有していることの最重要な意味は何かというと，それを第三者に貸して，賃料を取得できるということなのですね。いくらビルを所有しているからといって，東京都千代田区丸の内に住む人はめったにいません。賃料を取得できるというのが，所有していることの最大の意味なのです。

　そうなってきますと，同等のビルならば，東京都千代田区丸の内に所有していようが，東京都中央区銀座に所有していようが，どちらでもよいことになります。つまり，私にとっては，月々賃料がいくら入ってくるか，それがどれだけ安定しているかが重要であって，丸の内か銀座かはどうでもよいのですね。ビルの色だってどうでもよい。これは，私が所有して住んでいる木造住宅，いや木造であることはどうでもよいのですが，そういった住宅についてはありえないことです。その価格がいくらであるかということだけが問題であるわけではなく，どこの駅に近いか，壁は何色か，そういったことが住みやすさや趣味との関係で重要になります。

　ピカソの絵がとても好きだという人が，「夢」という絵を購入したとします。2013年に個人間の取引で売買され，代金は1億5,500万ドルだったそうですが，その購入した人が，自分の家に飾って，楽しむというのが，絵を購入するということの伝統的な意味です。

しかし，購入した人は，ピカソが好きなわけでも何でもなく，その絵を，世界各国の美術館などに貸し出して，賃料で儲けるために購入したのであり，実際にもそのように運用している，ということになりますと，ピカソの絵は，その所有者にとっては，賃料債権という金銭の支払いを受けることのできる権利と同じになっているのですね。そうなると，その絵が何であるかは問題ではなく，ピカソの「夢」という個性的な財産が，単なる金銭債権に変換しているということになります。所有者にとっては金銭債権を生み出すものにすぎないわけです。

　実は，このことを100年前から指摘されていた方がいらっしゃいます。我妻栄という先生でして，『近代法における債権の優越的地位』(35)という本に書かれています。どういうことかというと，農業社会においては，土地を所有しているということがきわめて重要で，そこを耕して農作物を得ることが大切だった。ところが，その後，所有者がその物を利用するという所有権の中心的な機能はだんだん低減してきて，それを貸したり，それを運用したりして儲けるというかたちの「債権」の役割が増加してくる。所有権自体は，「睡眠状態に陥る」というわけです。

(4) シェアリングエコノミー

　みなさんは，「ファイナンス・リース」という言葉を聞いたことがありますか。普通，物の貸し借りというと，貸主があらかじめ所有している財産を借主に貸し出すと理解されると思いますが，ファイナンス・リースでは，借主となる者が，リース会社に対して，「こういった物をあなたから借りたいので，それをあなたの方で購

入して，私に貸してください」と頼むのですね。もちろん，借りるためにはリース料がかかります。そして，リースの期間は，その物の経済的な耐用年数と同じになるように設定されます。そうすると，その物が使える間は，借主がリース料を支払って，その物を使うことになります。借主は，経済的な耐用年数のすべての期間，その物を利用できますから，分割払いで購入したのと同様の状態を得ることができるのです。

それならば買えばいいじゃないかと思うかもしれませんが，ファイナンス・リースの方法によれば，その物を使おうとするときに，代金全額を用意していなくても，リース料のかたちで徐々に支払っていけばよいということになります。もちろん，リース料総額は，購入代金よりも多くなります。そこで，貸主は，購入代金を一時期支払ったら，リース料として，購入代金に利益がプラスしたかたちで徐々に支払いを受けることになりますから，資金を運用している状態になります。

ここでも，所有者である貸主が有しているのは，リース料を取得できるという地位であって，自分で，その所有物を利用することは予定されていないのです。所有権が睡眠し，金銭債権になっていると評価することができます。

所有権が睡眠するということについては，ファイナンス・リースといった取引を考えなくても，いろいろな物についてレンタルが主流になっている，ということを考えればわかります。私が学生時代からしばらくは，スキーがとても人気でした。以前は，スノボというのはなくてスキーだったんですね。スキーの板を車の上に積んで，万座温泉スキー場に行く(36)。ところが，だんだんと，少なく

とも初心者にとっては，レンタルが主流になってくる。自分の所有
しているスキー板・スノーボードだという満足感[37]よりも，「レン
タルすればいい。利用権を，その都度買えばいい」ということに
なってくるのですね。

　さらに，これがシェアリングエコノミーと呼ばれる話につながっ
てきます[38]。

　シェアリングエコノミーというのは，いろいろな定義・分析がで
きますが，本日の話との関係では，まず大きく２つに分かれます。
１つは，ある財産を最初から必要に応じて使うように，共同で所有
しておく，というものです。もう１つは，ある財産を誰かが単独
で所有しているが，所有者が不要なときには，その財産を第三者に
貸し出す，というものです。

　たとえば，別荘というのは，個人で購入しても，仕事の都合など
で，なかなか長期間の利用はできません。そこで，複数人で別荘を
購入し，共有にした上，共有者のそれぞれが利用する日程を調整
し，効率的に使おう，というわけです。また，自分が単独で所有し
ているが，利用していないときには，どんどん他人に貸し出す，と
いうことも考えられます。

　なお，所有権の話ではないですが，「ウーバーイーツ（Uber
Eats）」とか「出前館」というのも，シェアリングエコノミーなの
ですね。あるお店について，それほど頻繁に出前の注文がないので
あれば，そのための従業員を雇うのはもったいないですし，逆に，
注文がたくさんあったときも，従業員が一人だけだと迅速に対応す
ることができません。そこで，そのお店が，ウーバーイーツや出前
館の加盟店になっておいて，その配達の人から代金を受け取るとと

もに，注文品を渡すということにして，店舗外からの注文に対応できるようにするわけですが，このとき，実は，そのお店は，配達員を他の店と共同で使用しているような関係になるわけです。

また，所有権を簡単に移転することによって，必要なときだけ所有権を有するようにする，つまり，所有権が永続しないということを前提にする制度もあります。みなさんに最も身近なのはメルカリでしょう。本を購入しても，読み終わると，すぐに売却する。あるイベントに必要な洋服をメルカリで購入し，イベントがすむと，またメルカリで売却する。こういったわけです。

そして，このようなシェアリングエコノミーを支えるのが，商品やサービスの提供者と利用者をつなぐ場（プラットフォーム）を提供するビジネスです。大規模なプラットフォームビジネスも多くありますが，ドレスなどの個人間レンタルを仲介するサイトなど，一つ一つの取引は少額であるものについて，貸主と借主をつなぐサービスも見られます。

とすると，最初に戻りますが，債権としての利用権だから所有権ではない，という必要もないのではないか。対象物が有体物であるということも重要ではなくて，排他的な支配や可能であれば，所有権という概念にこだわる必要もないのではないか。こういう考え方が，すでに仮想通貨について例を示しましたが，プラグマティックな（実用主義的な）考え方として出てきます。

(5) 愛好利益

ところが，こういうときには，必ず逆向きの話もあります。

私の腕時計を誰かが過失によって壊してしまったとします。この

とき，私は，壊した人に対して損害賠償を請求できるわけですが，このときの賠償額は，その腕時計の市場価値によって算定されます。購入してから 20 年くらいになる腕時計ですので，たとえば，市場価値が 6,000 円ということになりますと，6,000 円が賠償額になります。この計算においては，私の腕時計は，私自身とは切り離されて，外界のものとしてとらえられていますね。

　ところが，この腕時計が私の祖父の形見であったとします。私は，祖父に非常にかわいがられた，その想い出の時計であるということになりますと，市場価値は 6,000 円かもしれませんが，私としては，賠償額が 20 万円，30 万円であっても満足できないかもしれません。ペットが事故にあったという場合も同じです。雑種の犬で市場価値はたいしたものでないとしても，かけがえのないものであることは十分にありえます。所有権の対象として認めることができるのは，自分ではなく外界であり，かつ，他者そのものではない，という話をしたわけですが，腕時計やペットのように自己の外界に有体物として独立に存在しているように見えても，実は，自分と密接に結びついているものがあるのではないか，ということが，現在，また問題になってきます。愛好利益の問題といわれることがあります。

　「ふるさと喪失慰謝料」という話を聞いたことがある方もいらっしゃるかもしれません。福島第一原子力発電所の事故によって移転を余儀なくされた被害者に対する損害賠償ですが，通常の考え方だと，使えなくなった土地の市場価値はいくらであったか，ということに基づいて損害額を計算して，損害賠償を支払うことになります。しかし，「いや，曾祖父の時代から，ずっとここで暮らしてき

て，その中で自分も生まれた。ここが，ふるさとなのだ。そこを出て行かなければならないことによって生じる損害は，決して，その土地が市場でいくらで売られていたかで決まるものではない。ふるさとであり，そこに住む他の人々とのコミュニティを形成していた場が奪われたのだから，その賠償が受けられるはずだ」という主張が出てきます。いくつかの判決例では，その土地の価値の問題としてではなく，精神的損害の問題として処理されていますが，実は，物，ここでは土地ですが，それについて所有者が有している利益とは何なのか，という問題の再検討が求められているといえます。所有権の対象を所有者の人格と切り離されたものとして見るだけでは不十分だということです。

　一方では，ピカソの絵まで，単なる金銭債権化することもあるが，他方では，土地についても，人格と不可分であることもある，ということです。

7 "Own or Owned"：むすびをかねて

(1) 「支配」しているのか？

　最後に，デジタル社会における「所有」の問題について，オウン（Own）ではなく，オウンド（Owned）であるという状態の分析について簡単に触れておきたいと思います。

　「Owned」というのは，フェアフィールド（Joshua A. T. Fairfield）という人が書いた本[39]なのですが，デジタル社会の所有の問題は「オウンド（所有されている）」という言葉で表されると指摘しています。つまり，所有することによって，プライバシーを含めて，さまざまな情報を取得されてしまうのであって，それは，むしろ所有されている状態である，というわけです。

　【事象4】として挙げましたのは，コンピュータで全部が支配されているという話です，パソコンを購入してもそれだけでは意味がなくて，必要なOS（オペレーティング・システム。ウインドウズなど）はWi-Fiにつながれた状態でしか，機能しない。そして，利用によって，利用者の情報がどんどんとOSの会社に送信される仕組みになっている。OS以外のコンピュータソフトの購入などについても，そういう状況は，非常に端的に当てはまります。

　Kindleの本は転売できない。富が蓄積されていかない。それは所有されているのであり，所有しているのではない。Kindleの本を購入するということは，その購入者がどのようなことに興味を持つのかということの情報を販売者に得させているだけであり，拘束

され，操られているだけである，とフェアフィールドは言うわけです。

　この事態を脱するために，フェアフィールドは，ソフトウェアのオープンソース化を義務づけて，契約内容の制限を主張します。ソフトウェアの秘密を重んじる立場というのは，知的財産として保護される範囲を拡大するものですが，フェアフィールドの主張は，知的財産権・所有権の対象の拡大をすることの懸念ともつながっていきます。所有権が認められるというのは，国家も含む他者からの自由が確保できるという機能を有した。しかし，それはもはや失われている。であるならば，あまり所有権の対象を拡大しない方がよい，という話になってきます。

(2) 本日のレクチャーの目的は何だったのか？

　さて，ここまで，現代における「所有」をめぐる問題点をお話ししてきました。何か一貫した主張があるレクチャーではなく，いろいろな事象について，中途半端な分析を重ねてきただけですが，最後に，このような話をなぜ高校生のみなさんにしたのかについて一言しておきたいと思います。

　現代のように忙しい世界になりますと，目先の問題の解決を求めて判断しがちになります。しかし，いろんな概念・考え方には，それぞれに歴史があって，長い年月を生きのびてきたことによって支えられている正当性があるのですね。昔のことだから，もういいじゃないか，現在の問題だけを考えよう，とはいかないのでして，研究者は，歴史的に鍛えられた概念を遡って現代に接続させようとするわけです。本日は私自らの研究成果を示すというのではなく，

様々な人の主張・分析を寄せ集めただけですけれども，歴史の中で現代を考えようとしている学問的な営みを感じていただくことができたならば，とても満足です。

「所有」だとか「所有権」だとかいうのは，常識的にわかると考えるかもしれませんが，いろいろ悩むべき点はあるわけでして，そういった悩みを発見することが，大学で学ぶにあたって大切なことの1つだと思います。

雑駁な話でしたが，熱心に聞いていただき，ありがとうございました。それでは，この後，質疑応答というか，ディスカッションをしましょう。

8 質 疑 応 答

── 旧民法典財産編第6条の紹介がありましたね。

　物に有体なる有り無体なる有り

　有体物とは人の感官に触るるものを謂ふ

　即ち地所，建物，動物，器具の如し

　無体物とは智能のみを以て理会するものを謂ふ

　即ち左の如し

　　第一　物権及び人権

　　第二　著述者，技術者及び発明者の権利

　　第三　解散したる会社又は清算中なる共通に属する財産及び債
　　　　　務の包括

というものですが，ここにいう「第二　著述者，技術者及び発明者
の権利」というのに電子書籍は当たるのではないですか。そうする
と，旧民法が適用されるのであれば，電子書籍は「無体物」であ
り，「物」であるということになるのでしょうか。

道垣内：ご質問，ありがとうございます。「著述者，技術者及び発
明者の権利」というのは，いまでいう知的財産権，すなわち著作権
や特許権などを考えていたと思われますので，電子書籍についての
著作権，つまり，電子書籍になっている小説を書いた人の権利につ
いてはこれに当てはまりますが，電子書籍をKindleで購入した人
が有する権利の話ではありません。ただ，購入者の権利について

も，この条文との関係をどのように考えるのかはおもしろいですよね。まず，電子書籍について，それを無体物と捉えたら，どうなるとお考えですか。

——「無体物」に当たり，したがって，「物」であるということになれば，所有権が認められるということになりませんか。

道垣内：現在の民法は，85条で，「この法律において『物』とは，有体物をいう。」として，206条で，「所有者は，法令の制限内において，自由にその所有物の使用，収益及び処分をする権利を有する。」としていますので，所有権の対象であるためには，それが「物」でなければならない，というかたちになっています。もっとも，「物」であれば，常に所有権の対象となるとは書いていないのでして，それはそれとして検討しなければならないのですが，少なくとも「物」であるとされれば，所有権の対象となる，という結論に，ずいぶんと近づいていきます。

　ところが，旧民法典財産編第6条は，無体物の例をあげて，「第一　物権及び人権」としていますね。ここでいう「人権」というのは，human rights ではなく，現在の「債権」という意味なのでして，つまり，債権，たとえば，A が B に対して 1,000 万円の支払いを請求できるという権利も，ここでは「物」とされているのです。「債権を所有するという考え方ができるか」，「債権が所有権の対象となるか」というのは，これまた問題なのですが，少なくとも，現在の一般的な理解としては，債権は所有権の対象とはならないとされています。そうしますと，旧民法の時代に，ある財産が「無体

物」であるとされたからといって，それが所有権の対象になる，ということには，一直線にはつながらないのでして，現在の考え方とは枠組みが違うと思います。

　現在の民法は，「物」を「有体物」に限定して，そのうえで，所有権の対象としようとしているわけですね。

—— なんか，ドイツの財産法はフランスよりも遅れている気がしますけれど。

道垣内：フランス民法典の制定は 1804 年でして，物を有体物に限るとして，日本民法にも影響を与えたドイツ民法典よりも 100 年ほど早いのですね。フランス民法典制度後 100 年の間に論理が研ぎ澄まされていって，ドイツ法の立場につながってきます。ただし，それが本当に妥当なのか，また，明治時代に合理性があったとしても，現在のように，無体物の重要性が増している状況においては，無体物についても所有権を直接に認めればいいじゃないかというのは，1 つの立場として十分にありえます。そのためには，歴史を遡って，なぜ「物」を有体物に限るという考え方がドイツ法において採用され，日本法に採り入れられたかを丁寧に検討していく必要があります。理由もきちんと理解しないままに批判するのは適切ではないからです。それが研究なのですね[40]。

—— 電子書籍の場合は，ダウンロードしていても，情報に対するアクセス権にすぎないとおっしゃったように思います。要はダウンロードしていても，ネットで閲覧するのと，あまり変わらないって

意味ですよね。しかし，実際，ダウンロードして見るのか，ネットにあるままで見るのか，というのは，かなり違うように思います。

道垣内：まず，ダウンロードしていても，情報に対するアクセス権にすぎない，と言った意味から説明します。戸籍というのは聞いたことがありますね。それでは，戸籍謄本という言葉はどうでしょうか。

「謄本」というのは，現物があって，それのコピーという意味なのですね。以前は，戸籍にしても，登記についても，紙に書かれた原本があったのです。そして，「戸籍謄本を請求する」というのは，「その原本のコピーをください」という意味だったわけです。ところが，現在は，「戸籍謄本の交付請求」とはいわず，「戸籍事項証明書の交付請求」というのです。

それでは，どうして事項証明書というのかというと，現在，紙の戸籍は電子データ化されたからなのです。役所にあるのは電子データであって，いくら目をこらしても，みなさんの名前は見えません。1と0とでできあがっている，電子的な暗号にすぎないわけですから。その電子データを，一定のコードに従って，文字に起こして，それをプリントアウトしたものが交付される。だから，電子的なデータとして存在している戸籍について，それを可視化するとこういう内容です，という証明書が交付される，というわけなのですね。

そして，電子書籍に話を戻しますと，電子書籍が，ネット上に存在しているときは，もちろん0と1だけで構成された電子データにすぎません。ところが，それをみなさんが自分のパソコンにダウ

ンロードしても，そのときにハードディスクにあるものも，また，0と1だけで構成された電子データにすぎないのです。ハードディスクを電子顕微鏡で見ても，文字は見えません。いざ読むときには，そのダウンロードした電子書籍を，一定のプログラムのもとで文字化するわけでして，その意味では，ダウンロードしてもしなくても，いずれにせよデータに対するアクセスにしかすぎなくて，書籍自体がどこかに存在しているわけではない。そういう意味で同じだと言ったわけです。

—— しかし，たとえば映画とかの違法アップロードも，ダウンロードしたら犯罪ですけど，閲覧する場合はとくに罪に問われないっていうふうに，ダウンロードとデータに対するアクセスは別に捉えられているのではないですか。

道垣内：それはそのとおりだろうと思います。しかし，その区別が，所有権があるかどうか，支配が確立しているかどうか，ということの区別に基づいているのか，というと，それは多分そうではないと思います。悪さの程度の違いだと思うんですね。

たとえば，ダウンロードしてしまうと，さらに，それを第三者に渡すことができる。違法にアップされた映画についてのデータをダウンロードしたときには，それがさらに，次の著作権侵害を生ぜしめる可能性がある，ということで，違法性が高いというふうに考えられているからだろうと思います。

また，刑法の場合，期待可能性という考え方があります。ネットを検索していると，まだ見てない映画のデータが存在していて，こ

こをクリックするだけで見えてしまう。このとき，クリックするなというのは，なかなか酷であって，それを著作権法違反であるといって処罰するまでもないのではないか。それに対して，ダウンロードをするな，というのは無理のない要求なのではないか，ということですね。

── ですが，見ることも，違法にアップロードされているのを見るというのも，要は悪いことしているわけじゃないですか。でも，それを，いちいち裁いていたらキリがないからという理由で逮捕しないのは，悪いことを裁こうとしないという意味で，法律として欠陥じゃないですか。

道垣内：1990年ごろ，関西地方で流れていた，大阪の公共広告なのですが，駐車違反の摘発の場面なのです。迷惑駐車はやめましょう，というのですが，そこで摘発されている人が，「えっ，みんな止めてるやないの。なんで私だけ言われなあかんのかなぁ。失礼やわぁ。みんな止めてるやろ。なんやの。」と文句を言います。「失礼なのは，あんたや」というわけですが。

　さて，駐車違反についても，摘発されたりされなかったりするのが不公平だと感じる人もいるわけでして，摘発の偶然性が高まると，不公平感が高まります。ダウンロードした人を逮捕するというのもなかなか難しいのでして，結局，大規模にそういうことをやって，第三者に売却することによって利益を上げているような人だけを摘発するのだろうという気がします。いわんや，見ただけの人を摘発するのは難しいと思います。たとえば，パソコンを修理に出し

て，修理業者がログを見て，警察に連絡した，といったかたちで，偶然にわかった人だけ摘発されるわけでして，不公平感が大きすぎるのではないか，と思います。

―― いや，アップロードしている側からしたら，誰が訪れたかってわかるんじゃないかなと思うんですけれど，さらにそれを警察が調べようと思ったらできるのではないですか。だから，そのアップロードした人が摘発されるときに，そのサイトに訪れた人を調べ，捕まえるということも可能ではないかと思うのですが。

道垣内：ただ，閲覧しただけで，誰が閲覧したかがわかるようになっているというのも怖くありませんか。通常は，IPアドレスだけでは，わからないですよね。

―― アクセスする人は無限にいますし，僕は，処罰範囲を広くし過ぎると不平等感が高まるというのは，すごい納得できます。逆に，アクセスだけならば，モラル的にはよくないとしても，刑罰を科すというのはどうかと思います。そもそも，悪いのは違法にアップロードされた映画を観た人ではなくて，アップロードした人ですよね。

道垣内：誰が悪いのか，という話でいえば，覚醒剤や大麻の取り締まりも同じであって，売っている人が悪い，ということになります。ただ，覚醒剤が売られているかといって，ついつい買ってしまうのか，それも無理のないことなのか，というと，そうではない感じがしますね。それに対して，違法にアップロードされた映画につ

いては，ついつい観ることは仕方がないというべきなのかもしれません。

　ただし，ついつい観られても，権利者には損害は生じるのです。その人は，本当ならば，お金を払って映画館に行ったかもしれないのに，違法サイトの視聴ですませたということになると，やはり損害は生じます。

　しかし，だから犯罪であるとすべきなのか，というのは，摘発できる割合とか，生じる損害とかを考えながら，線引きをしていくことになりますね。

——「電子書籍の購入者には，さまざまな制限がかかる」ということや，「紙の書籍を購入すれば，譲渡することもできるし，燃やしてしまうこともできる」ということはわかるのですが，「仮に著作権を侵害している書籍であっても，書店から返却を求められることはない。いつでも自由に読むことができる」とおっしゃいましたよね。この点が気になるのです。

　譲渡できないなど，さまざまな制限がかかるということに関しては，それを了承した上で買っている面があり，たとえば電子書籍だったら安くなるとか，そういうことで了解しているのだろうと思います。したがって，所有権があるということを矛盾するのではないかといった問題はないと思うのです。しかし，紙の書籍だったら没収されないけれど，電子書籍なら，突然に読めなくなることがあるというのは，所有権の問題としておかしいのではないか，という感じがするのです。紙の書籍について所有権を有するときには，隠すことができるという権利まで買えているように思うのです。これ

に対して，電子書籍ではだめだということになると，所有権を認めるということとは矛盾してくるように思うのです。

道垣内：そこを考えていただくことはとても重要です。

　第1に，Kindleで電子書籍を購入したときにかかってくる制限を，消費者が十分に認識しているかというと，そうではないと思うのです。さきほど，オーウェル事件の話をしましたが，Amazonの側で，オーウェルの小説を購入した人が，一定時点以降，もはやアクセスできないようにすることは，契約違反ではないと思います。契約条項に書いてあったことであり，購入者はそれを承認していると，理屈の上ではいえるのですが，おそらくは現実的な問題としては理解していなかったのだろうと思います。そうすると，どのようにして購入者に認識してもらうのかを考えなければならないと思います。

　第2に，現在ではKindleなどの電子版でしか存在しない本がたくさんあるのですね。消費者が，紙の本にするのか電子版にするのかを選択するのではなく，電子版を選択するほかはなく，そのときは，結局，販売者側が用意した契約条項あるいは仕様に完全に従うしかありません。

　それはもう仕方がないじゃないかという考え方が，まずありえます。嫌ならば買わなければよい。レッシグという人の『CODE VERSION 2.0』(41)という本があります。ちなみに私はKindle版で持っています。レッシグは，「コード・イズ・ロー」という言い方をするんですよ。つまり，ネット上の存在については，それがどのような性質を有するのかは，すべてコードによって決まっている。

そして，何かを規制しよう，と政府が考えたとしても，それは結局，書かれているコードの範囲でしか規制もできない。規制も，コードを書いた人も枠組みに従わざるをえないというわけです。紙の書籍とか，有体物の場合には，法律が，「こういうものはダメです。こういうことをやってはダメです」と決められたけれど，ネット上の存在については，どういうコードにするかで決まる。

　それをどうにかしなければ，先ほど述べました，Owned，つまり所有されている状態になってしまう。そこで，その状態からどのようにして解放されるべきかを考えなければならない，という立場もあります。

　先ほどのご質問は，「所有権」ということの本質から考えて，一定の制約をかけるということだったように思いますが，どのようにして制約をかけるか，あるいは，制約をかけることを禁じるか，というのは，難しい問題なのですね。

　直接には答えになっておりませんが，質問は，きわめて正当であり，正当であるが故に，結論がここで出るわけではない。そんな気がします。

　── たとえば，仮想通貨について「所有権」を認めるべきか，という議論をするとき，所有権という概念ではなく，「支配」という概念による，という話がありましたが，「所有権」と「支配」とは違うのですか。

道垣内：一言で言えば，「支配」という概念の方が「所有権」よりも広いのですね。

　「所有権」を含む「物権」について，一般に，「物を，他人の行為を介さないで，直接的に支配する権利」であると定義され，「所有権」はその典型であるとされます。つまり，「所有権」は「支配」を含む権利なのです。

　しかしながら，だからといって，「支配」があれば「所有権」があるわけではないのです。それが最初から言っている，外界であり，他との区別ができ，といったりする要件であり，それをまとめると，有体物についてだけ「所有権」は認められる，ということになるわけです。

　その論理から言えば，デジタル資産は所有権の対象とはならないわけですが，ここで，「支配」という概念の変容が起こるわけです。「支配」というのを，直接的・物理的に押さえている状態と観念するならば，デジタル資産は「支配」できない。しかし，「支配」ということの本質を，他者を排除して，利益を独占できる，ということだと考えるならば，デジタル資産も「支配」できるではないか，ということになります。

　ここで可能性は2つに分かれるわけでして，「所有権」を認めるための重要な要件としての「支配」可能性が認められるのであれば，デジタル資産についても「所有権」を観念してよい，というというのが1つの立場です。しかし，もう1つの立場として，アメリカ合衆国やイギリスの法は，ここで「所有権」という媒介を観念しないままに，保管者が破産したときに，購入者による取戻権を認めるということにするわけですね。「支配」という概念が，所有権の成立を認めるための要件の1つではなく，それがそのまま効果を導く概念になっているわけです。

――「支配」だけできていて，「所有権」を有していないという状態だと，困ることはないのですか。

道垣内：とても大きな話になるのですが，様々な法的な概念――実は，法的な概念でなくても，人々が使っている概念一般といってもよいのですが――には，その概念によって，いろいろなことが一度に説明できて便利だという効果がある場合があります。つまり所有権という概念を認めることによって，所有権を有する者は具体的にはこういったことができる，といった様々な効果を一度に導くことができるのですね。

　実は1つずつ議論してもよいのです。この物を壊すことができますか，この物を他の人に譲渡することができますか，この物を他の人が壊したとき損害賠償を請求できるのは誰ですか――こういったことを1つずつ議論して決めてもよいのだけれども，所有権という概念を作ることによって，それらについて説明を容易にしたり，演繹的に思考して結論を出したりできるようにしようというのが，概念の1つの意味なのですね。

　そして，古代ローマの法から発展した，いわゆる大陸法の諸国では，次の英米との関係で相対的に見れば，そういうふうな概念をつくって整理していこう，演繹的な思考を可能にしようという傾向が強いのですね。そうすると，「支配」だけでは結論は出てこないので，これまで様々な結論を導くことを可能にしてきた概念である「所有権」という概念に頼って，問題を解決していこう，ということになりがちです。

　ところが，イギリス，正確には南部のイングランドの法は，ロー

マの法とは一応切り離されて，独自に発展したのですね。まあ，厳密に言い出すと，一定の影響はあるのですが，ローマ法の影響が小さいのです。このあたり，ちょうど世界史を学んでいる高校生からすると，イングランドも1066年のノルマン征服で大陸ヨーロッパの侵略を受けて，支配されたのだから，ノルマンディー（フランス北西部）の法が移植されたのではないか，と思う人がいるかもしれないのですが，ノルマンディー公ウィリアムは征服地にフランスの法律を持っていかなかったのですね。土着の慣習を重視したのです。宥和政策ですね。

　そこで，ローマ法の影響を受けた国々とは異なる法的な思考方法がイングランドでは育っていくことになりました。しばしば，イギリス人の思考について，実用主義的といわれるのですが[42]，法学の分野でも，大きな概念をつくらなくて，「1個1個考えていけばいいじゃないか」という発想が比較的強いのです。まあ，以上のような説明は，専門家に言わせると，過度の単純化でしょうけど。大陸法との比較の問題です。

　そして，そのような思考方法に基づく法が，アメリカ合衆国に伝わっていったわけで，このような国では，「支配」があるのならば，それに応じて妥当な結論を認めればよいのであって，何も所有権の有無にこだわることはない，ということにつながっていくのです。

　以上まとめると，所有権の成否を問題にしないということは，様々な問題を一度に解決することができないかもしれない，という不便な点はありますが，さしあたっての問題を解決するのに支障となるわけではない，ということかと思います。

—— 日本でも，所有権の有無を問題にしないという解決も可能でしょうか。

道垣内：おもしろいですね。

　私は，ある弁護士事務所に所属しています。そこの若い弁護士たちは，多くはアメリカ合衆国のロースクールに，一部はイギリスのロースクールに留学します。フランスやドイツに行く人はほとんどいません。

　そういった人たちは，実用主義的な考え方をするようになることが多いですね。たとえば，デジタル資産の話をしていても，「所有権は認められるか，それはどこにあるかなどということはどうでもいいじゃないですか。結論として妥当な方向で認められるように理屈を作りましょう」という。それに対して，私などが，「日本の民法は有体物の所有権概念を前提に作られているのだから，それとの矛盾がないようにしなければならない」などと申しますと，「このおじさんは，本当に頭が固い。いや，おじさんではなく，おじいさんだからねえ」と思うわけですね。

　そこが少し難しいところです。日本法は，いろいろな箇所が大陸法的な伝統に基づいて作られているので，あるところだけに着目して，「まあ，実用主義的に考えればいいじゃないか」とはいかないと思います。法は，全体として矛盾のない構成物である必要があり，そうでなければ，人々の納得は得られないと思うからですが，そう考えること自体，年寄りなのかもしれません。

—— 「支配」ということで，アメリカ合衆国の法で定められた要件

などの話がありましたが，たとえば，所有権があっても，その物を他の人に貸していたら，支配していない状態になるじゃないですか。しかし，所有権はあるわけで，その関係がよくわからないのですが。

道垣内：まず，他人に貸したときには，所有権が借りた人に移る，というタイプの財産もあります。一般に，金銭がそうだとされます。友達に1,000円貸したとします。そうすると，その千円札はその友達が使うのであって，返してもらうのは別のお札ですね。500円玉2つかもしれない。貸した千円札の所有権はその友達に移っているのです。

そこで，他人に貸したときに，所有権は自分に残っているというタイプの権利を考えることにしますが，このとき，他人に貸したら，「支配」は借りた人に移っているのか，ということが問題です。

デジタル資産がどちらのタイプなのかという問題はひとまず後回しにして，アメリカ合衆国の統一商事法典で，デジタル資産の「支配」があると認められるための要件を，もう一度振り返ってみましょう。①電磁的記録から生じる実質上すべての利益を利用できる地位にあること，②その利益を他者が利用することを排除できる排他的な地位にあること，③電磁的記録の支配を他者に移転できる排他的地位にあること，という3つの要件を備えており，かつ，氏名，識別番号，暗号鍵，事務所，口座番号等によって，ある者について，上記の支配が認められることが特定可能であること，ということでした。

これは結局，その利益を独占でき，他者を排除でき，譲渡でき

る，ということですね。実は，他人に財産，ここでは土地を考えると簡単ですが，土地を貸していても，貸主は，そのような要件を満たしたままの状態にあるのです。つまり，賃料を得るというかたちで利益を独占し，第三者がその土地を勝手に使えば，それを排除することができます。いや，借主を排除することはできないのではないか，と思うかもしれませんが，借主は，所有者である貸主が，その土地を使うことを認めた人ですから，借主を排除することができないのは当然です。しかし，それ以外の人が使っていれば排除できます。借主についても，賃貸期間が終了すれば排除できます。そして，借主に貸したままでも，その土地を他の人に売ることもできます。つまり，「支配」の要件は満たされているのですね。言い換えれば，ここでいう「支配」とは，物理的に占有しているという意味ではないのです。

　したがって，貸したからといって，所有者は「支配」を失うわけではありません。

　それでは，デジタル資産についてはどうか，というと，たとえば，ビットコインなどの仮想通貨を考えますと，金銭と同じように，貸したら，借主に権利が移転し，支配も借主が有するというべきだろうと思います。貸主は，借主に対して，貸したビットコインそのものを返せ，といえるわけではなく，結局，同価値のビットコインを自分に移転せよ，と請求できるだけですから。

── NFT はどうですか。

道垣内：さすがに若い人はいろいろ先端的な話を知っていますね。

知らない人もいると思いますから解説しますと，NFT というのは，Non-Fungible Token の略語で，「非代替性トークン」と訳されることもあります。これはデジタルデータなのですが，データそのものに移転の履歴などが書き込まれていきますので，同じものは作れないものなのですね。ここらあたりはあまり突っ込まないでください。私は技術的なところはまったくわかっていません。しかし，データが唯一無二のものになりますと，A さんが，ある NFT を B さんに貸したら，B さんは，借りた NFT そのものを返すべきことになるのではないか，というのが，質問された方の趣旨だと思います。

たとえば，1 万円札でも，「AA000001A」という番号の 1 万円札だと，それ自体に価値があって，「AA000001A」の 1 万円札を借りた人は，「AA000001A」の 1 万円札を返さなければならないですよね。NFT も同様であり，代替性のあるデータであるビットコインとは違うわけですね。

たしかに，そのときは，土地と同じような状況かもしれません。貸したからといって，所有者は「支配」を失うわけではありませんね。

—— 不動産の流動化の話に移ってもいいですか。あるビルについて，それは賃貸することによって利益を発生させる。そして，その利益は投資家に流れていく，という構図はわかったのですが，ビル自体の値上がり益を取得できるというのが，所有者の持っている大きな利益だと思うのです。それは投資家に行かないのですか。そうすると，投資家が実質的に所有権を有しているとはいえないのでは

ないでしょうか。

道垣内：いろいろな仕組みを作ることができます。

第1は，たとえば，ビルの耐用年数が20年だとしますね。そのとき，20年間の賃料収入が投資家に行って，そこで取引は終了するという仕組みの場合，取引終了時には，もはや残っている価値はないことになります。ファイナンス・リースの話をしましたが，それと同じ話ですね。

第2は，20年経ってもビルの耐用年数が尽きていないというとき，最後の段階で，ビルを第三者に売って，それで投資家が投資を回収するという仕組みもありえます。たとえば，1億円出資して，20年間，400万円ずつ配当を受け，さらに，20年経過したところで売却によって得られた金銭の分配を受ける，というものです。そうすると，値上がり益は投資家に帰属しますね。まあ，値下がりリスクも負うことになると思いますが。

第3は，投資家のリスクを低下させるために，20年経過したところで，最初にこのビルを所有していた者が買い戻す，という約束にすることもあります。その額を決めていれば，投資家は値上がりしようが値下がりしようが，その額を取得できることになります。値下がりリスクは，最初の所有者が負担しているわけですね。

所有者が有する権利は賃料収入だけではない，というのは，おっしゃるとおりです。しかし，ポイントは，残りの部分もいろいろなかたちで分配できるということなのですね。所有権を有する者が，賃料収入も，価格変動のリスクも，さらには，管理の手間も，すべてを引き受けるべきだ，それをバラバラにしてはいけないというの

も1つの考え方です。しかし，所有権というのは様々な権利の集合体にすぎないのであり，それをバラバラにして，いろいろな者に帰属させることだってできる，そして，それには何ら問題はない，という考え方もありうるわけで，現実社会ではそのような取引はさかんに行われているわけです。

—— 少しずれますが，投資家の権利がデジタル化されているとすると，投資家は実質的にはビルの所有権を有しているのではないか，といってみても，有体物を保有しているわけではないような気がしますが，どうなのでしょうか。

道垣内：ただ，そのデジタル化されている権利は何を表しているのか，というと，ビルという有体物に対する権利ですよね。これは形式的には，ということであり，実質的には，回収された賃料を約定に従って交付される権利ということになりますが。このように，ここでは，投資家の権利が実体のある財産に結びついている，というところがポイントなんですね。そして，実はデジタル化されているというのは，さほど大きな意味を持たないのです。紙に表されていてもよい。さきほど，「米券倉庫」の話をしましたが，これは紙の券で権利が表されている。そして，それが，お米という財産に結びつけられているわけですね。

これに対して，ビットコインなどの仮想通貨は実体のある財産に結びついていないのです。実は，NFT については，実体のある財産に結びついている例が多いようなのですが，仮想通貨はそうではありません。このときは，デジタルデータ自体の「所有」につい

て，それが認められるか否かを考えなければならないのであり，違いがあるのですね。

—— 今日の話は，ずっと，既存の法理の中でどうなるか，ということですが，電子法という体系を新たに作ってしまうというのではダメなんですか。

道垣内：たとえば，ここに宇宙人が来ました。そこで，この宇宙人に適用される法はまったく変えましょう。宇宙人と地球人は生殖もできないし，実は，思考回路が異なっていて取引もできない。地球上の別のところに住んでいる。交わることも絶対ないし，外見からも完全に区別できる。このようにして，別世界を構築できれば，宇宙人法をまったく別の体系のものとして構成することもできないわけではないと思います。しかし，デジタルの話と有体物の話の間には，不分明な境界領域があると思います。

書籍を購入するときも，紙の書籍で購入する場合と，電子書籍で購入する場合がある。パソコンのソフトを購入するときも，ダウンロード版で購入することもあれば，DVD版で購入することもある。それをまったく別物として構成して，規律してよいのか，というのが問題ではないでしょうか。

ただ，さきほど，デジタル資産の規律の方向性について，アメリカ合衆国の統一商事法典，ユニドロアの原則と並んで，イギリスのプロジェクトについてお話ししましたね。このイギリスのプロジェクトは，デジタル資産は，これまでの資産分類のいずれかに属するものではなく，第3のカテゴリーとして考えていこう，というわ

けです。これは，別体系の法を作ろうというのと近いかもしれませ
んね。

　また，法律家的な発想というのは，究極的にはバランスなんです
よ。有体物についてルールがある。少し性質が違う財産が現れた。
そうしたとき，零から考えるというのではなく，有体物についての
ルールが前提としていることは何なのだろうか，この新種の財産は
どこが違うのだろうか，ということを考えて，違いから正当化でき
る範囲で旧来のルールを変容するわけですね。その意味では思い切
りがない思考方法なのかもしれませんが，歴史の重みというものは
あるのです。

　── 所有権をどこまで認めるか，という話について，知的財産権
を認めることによって，社会の制約になるのか，それとも投下した
労力に見合った権利を与えなければ，みんなが発明などをする気に
ならなくて，それは社会にマイナスになるのではないか，という対
立がありました。僕自身は，どんどん所有権を正当化していくべき
ではないか，そうしないと発明などが促進されないのではないか，
と思うのですが，権利をあまり広く認めない方がよいという人はど
ういう論理なのでしょうか。

道垣内：ます，知的財産の模倣は完全には制約できないということ
があると思います。極端なことをいえば，すべては模倣だというわ
けですね。

　女の子の漫画を描くとき，瞳の中に星を描くことがあります。こ
れは誰が始めたのか，ということについて議論があるようです

が⁽⁴³⁾，みんなそれを真似しました。遠近法だって，なんだってそうです。それを大規模化したのが ChatGPT でして，これは，たくさん文章を読んで，ある単語とある単語の結びつき方をたくさん学ぶというシステムですよね。そして，それを再生するわけです。たとえば，ある人が，「私は刑事」と書くと，「である」かもしれないし，「に捕まった」かもしれない。「になりたい」かもしれない⁽⁴⁴⁾。そのような多数の選択肢から，ChatGPT は，文脈に応じて選んでいくわけですね。しかし，真似です。そして，それは私たちも同じです。ただ，私達は死ぬまでに読める文章が限られているのに，ChatGPT のシステムは，あっという間に，それの何千倍という本を読んでしまって，そうするとそれらしい組み合わせの選択肢を私たちより圧倒的にたくさん持つことになるので，能力が高くなるのですね。

　ですから，許されないものと許されるものとの境目ははっきりせず，みんなの模倣を許したほうがよいという理屈があると思います。

　次に，たとえば，ある自動車会社が新しいエンジンシステムを考えついたといったときに，特許を認めて，その会社だけがそのシステムを使うことができるようにすることが，本当に，発明者の利益になるのか，さらには，自動車業界の利益になるのか，というと，そうではないのではないか，ということがあると思います。その技術をオープンにすることによって，様々な技術革新がなされるようにしたほうが，結局，発明した会社も利益をあげられるのではないか，ということですね。そして，そうだとすると，発明を独占する権利を認めてあげなくても，きちんと研究は続けるはずだというこ

とになります。

　さらに，私が重要だと思うのが，誰が労力を投下したのかを決めがたい場合もあるということです[(45)]。

　製薬会社の新薬開発の一つの手法として，たとえば，インドの奥地に入っていって，原住民の話を聞く，ということがあるのです。山の中で暮らしているので，切り傷が絶えない。そこで，製薬会社の人は，「切り傷のときにはどうするのか？」と原住民に聞くわけですね。そうすると，「ここの山のこの土をとって塗るんだ」という。「お腹が痛くなったときはどうするのか？」「この実を食べるんだ」。そこで，その土を持って帰って，あるいは，その実を持って帰って，科学的に分析するのですね。そうすると，一定の化学物質が見つかり，製薬会社がそれをもとにして薬を作って特許を取る。

　しかし，発見したのは製薬会社なのか，というと，原住民が何千年もかけて発見したのですね。このようなとき，権利を製薬会社に認めるのはおかしい，さらに言えば，所有の対象とすることがおかしい，ということになります。

　権利をどこまで認めるのかは，理論としてだけでなく，政策としても，理念・正義としても，なかなか難しいのですね。

〈注〉

■ は じ め に ────────────────────────────────

(1) 瀬川信久『不法行為法における法と社会 —— JR 東海事件から考える』（信山社，2021 年），内田貴『高校生のための法学入門 —— 法学とはどんな学問なのか』（信山社，2022 年），能見善久『法の世界における人と物の区別』（信山社，2022 年），松本恒雄『グローバリゼーションの中の消費者法』（信山社，2023 年）。

(2) A. Perzanowski and J. Schultz, The End of Ownership : Personal Property in the Digital Economy (MIT Press, 2016).

■ 2 ────────────────────────────────

(3) https://www.afpbb.com/articles/-/2622460?pid=4376587（2024 年 1 月 27 日閲覧）

(4) https://japan.cnet.com/article/20399542/（2024 年 1 月 27 日閲覧）

(5) https://nlab.itmedia.co.jp/nl/articles/1408/06/news129.html（2024 年 1 月 27 日閲覧）

(6) https://www.amazon.co.jp/gp/help/customer/display.html?nodeId=201014950（2024 年 1 月 27 日閲覧）

■ 3 ────────────────────────────────

(7) 木下康彦ほか『詳説世界史研究』184 頁（山川出版社，1995 年）。

(8) 吉田克己『現代土地所有権論』150, 160 頁（信山社，2019 年）。

(9) 代表的な論者とされるのは，ジョン・ロックです。ロックは，まず，自分の身体については自分のものであるとし，次に，この自分のものである身体をもとに，所有者のいない財産に対して労働を投下すると，それによって加わった価値に対して，自分の所有権が及んでいくと考えます（もっとも，以上のような説明は，過度の単純化でして，ロックの論理がいかなるものなのか，というのは，それ自体，大問題です）。ジョン・ロック（加藤節訳）『完訳統治二論』326 頁（岩波文庫，2010 年）〔原著は 1690 年〕参照。

(10) ブラッド・スミス「AI で人は創造的になれる（編集長インタビュー）」日経ビジネス 2023 年 5 月 22 日 48 頁以下（2023 年）。

(11) マイケル・ヘラー（山形浩生＝森本正史訳）『グリッドロック経済』（亜紀書房，2018 年（原著 2008 年））。

(12) ロバート・P・マージェス（山根崇邦ほか訳）『知財の正義』（勁草書房，2017 年（原著 2011 年））。

(13) シェイクスピアの時代に著作権が存在していたら，剽窃に該当するような行為が多く含まれているシェイクスピアの作品は現れなかった，と指摘されます（田村善之＝山根崇邦編『知財のフロンティア第 1 巻』48 頁（勁草書房，2021 年））。シェイクスピアの剽窃については，いろいろな文献がありますが，宮武久佳『正しいコピペのすすめ』105 ～ 110 頁（岩波ジュニア新書，2017 年）を読むと，ほかの知識も得られるのでよいと思います。

(14) https://global.honda/jp/safetyinfo/50th/chapter_1/（2024 年 1 月 28 日 閲覧）

(15) https://www.mlit.go.jp/road/soudan/soudan_10a_02.html（2024 年 1 月 28 日閲覧）

(16) 日刊工業新聞社，1972 年。なお，2023 年に復刻版が出版されています。

(17) 「供用義務論」を最初に唱えたのは，稲本洋之助教授だとされます（同「比較土地法の視点」渡辺洋三＝稲本洋之助編『現代土地法の研究（下）』1 頁以下（岩波書店，1983 年））。この供用義務論は，「土地は人の利用に供される限りで私的所有の目的となりうる」という考え方を基礎に据えています。しかし，このことからは，実は，賃貸人と賃借人がいるとき，実際に土地を利用している賃借人にこそ強い権利が与えられるべきだ，という結論を導くこともできます。そして，このことによって，戦後の農地改革の正当性を基礎づけることもできます。まさに，利用していた小作人に所有権という強い権利を与え，利用していなかった地主から所有権を剥奪するというものだったからです。若干，説明方向は異なりますが，岩本純明「戦後の土地所有と土地規範」渡辺尚志＝五味文彦編『土地所有史』50 頁（山川出版社，2002 年）参照。

(18) 国土庁土地局監修『明日の土地を考える：土地問題懇談会の提言』12 頁（ぎょうせい，1983 年）。

(19) たとえば，吉田・前掲書 177 頁参照。

(20) 正義論の展開において重要なのは，ジョン・ロールズです（たとえば，齋藤純一＝田中将人『ジョン・ロールズ ── 社会正義の探究者』（中公新書，2021 年）参照）。居住の問題に即して，吉田邦彦『居住福祉法学の構想』（東

信堂，2006年）も参照。

(21) 吉原祥子『人口減少時代の土地問題』（中公新書，2017年）など参照。

(22) たとえば，松尾弘『物権法改正を読む：令和3年民法・不動産登記法改正等のポイント』（慶應義塾大学出版会，2021年）参照。

■4

(23) 水津太郎「民法体系と物概念」吉田克己＝片山直也編『財の多様化と民法学』64頁以下（商事法務，2014年）参照。

(24) このレクチャーシリーズでも，能見・前掲注(1) 93～98頁に議論があります。

(25) 河田嗣郎「米券倉庫ヲ論ス(1)」経済論叢3巻5号120頁（1916年）。

(26) 河田・前掲121頁。

(27) 松本烝治「混蔵倉庫寄託論」同『私法論文集第2巻』189頁（巌松堂書店，1919年）。

■5

(28) レクチャー終了後，この「理会」という漢字の用法について，「理解」とはどのように異なるのか，なぜ，「理会」という用字になっているのか，という質問がありました。そのときは，きちんと答えられなかったのですが，国語辞典によれば，「理解」が「内容，意味などがわかること」，「理会」が「物事の道理を会得すること」であり，一定の意味の違いがあるとされています。ただし，旧民法の条文の文言があえて「理会」としていることの意味は明らかではありません。そもそも，ボアソナードの起草したフランス語の原文は，当初から，"Les choses incorporelles sont celles que l'intelligence seule perçoit" というものであるところ，1882年に出版された『再閲民法草案』第2篇第1部財産編物権の部では，「無形体なる物とは特（ひと）り智力に於て知覚する所の物を云なり」と翻訳され，その後，旧民法典としてまとまったときには，同じ文の翻訳が「無体物とは智能のみを以て理会するものを謂ふ」と変わったのです。そして，翻訳の変更についての説明はありません。

(29) 四宮和夫＝能見善久『民法総則〔第9版〕』181頁（弘文堂，2018年）。

(30) 道垣内弘人「仮想通貨の法的性質」近江幸治先生古稀記念論文集『社会の発展と民法学（上）』494頁以下（成文堂，2019年）。興味のある方は，他

の見解も含め，関口智和＝河合健編『デジタル通貨・証券の仕組みと実務』124〜131頁（中央経済社，2021年）や増島雅和＝堀天子編『暗号資産の法律〔第2版〕』21〜28頁（中央経済社，2023年）を参照してください。

(31) 民族学者のマリノフスキは，次のように言います。「所有（オウナーシップ）という語にもっとも広い意味を与えるならば，これは，物と，それが存在する社会共同体とのあいだの，しばしば非常に複雑な関係である。民族学においては，このことばを，この定義よりも狭い意味で使わないことが，きわめてたいせつである。というのは，世界各地にみられる所有形式は，はなはだ多様だからである。」（B・マリノフスキ（増田義郎訳）『西太平洋の遠洋航海者』165頁（講談社学術文庫，2010年〔原著1922年〕）。

(32) 以下については，デジタルマネーの私法上の性質を巡る法律問題研究会「デジタルマネーの権利と移転」金融研究43巻1号38〜42頁（2024年）のほか，たとえば，殿村桂司ほか「NFT等のデジタルアセットの規律に関する近時の国際的な動向（米・英・UNIDROIT）」長島・大野・常松法律事務所テクノロジー法ニュースレター34号（https://www.noandt.com/publications/publication20230426-1/（2024年2月18日閲覧）），後藤出＝池辺健太「電子的記録に対する『コントロール』と財産権」CITY-YUWA NEWSLET-TER38号（https://www.city-yuwa.com/wp/wp-content/uploads/2023/12/Newsletter-Vol38.pdf（2024年2月18日閲覧））が簡潔にまとめています。

(33) 森田宏樹「財の無体化と財の法」吉田克己＝片山直也編『財の多様化と民法学』100頁以下（商事法務，2014年）参照。

■ 6

(34) SEC v W. J. Howey Co., 328 U. S. 293 (196).

(35) 有斐閣，1953年。ただし，最初は，1927年から29年にかけて，雑誌に連載されたものでして，約100年前ということになります。

(36) 原田知世主演の「私をスキーに連れてって」という映画が公開されたのが，1987年。映画の中で，みんな，自動車の屋根にスキー板を載せて，スキーに出かけています。

(37) もっとも，そう考えていくと，家にせよ，自動車にせよ，合理的に考えると，借りていた方が得であるともいえそうなのですが，なお所有する傾向が強いように思います。なお，この点については，ブルース・フッド（小浜

杏翻訳)『人はなぜ物を欲しがるのか：私たちを支配する「所有」という概念』(白揚社, 2022年) といった本もあります。

(38) さまざまな例も含めて, たとえば, 野口功一『シェアリングエコノミーまるわかり』(日経文庫, 2017年) を参照してください。また, 消費者保護の観点からですが, 消費者庁『あんぜん・あんしんシェアリングエコノミー利用ガイドブック』(https://www.caa.go.jp/notice/assets/future_caa_cms201_211001_02.pdf) (2024年2月19日閲覧) もわかりやすいと思います。

■ 7 ────────────────────────────────────

(39) Joshua A. T. Fairfield, Owned: Property, Privacy, and the New Digital Serfdom (Cambridge University Press, 2017).

■ 8 ────────────────────────────────────

(40) 水津太郎教授の検討が注目されます。水津太郎「有体物規定に関する基礎的考察 I, II」法学研究 (慶應義塾大学) 82巻12号211頁以下, 83巻1号67頁以下 (2009〜2010年)。

(41) ローレンス・レッシグ (山形浩生訳)『CODE VERSION 2.0』(翔泳社, 2007年)。

(42) この点については, 吉田健一「英国の文化の流れ」同『英国に就て』33頁以下 (ちくま文庫, 1994年) (最初の刊行は, 1974年) をお読みください。

(43) 高橋真琴という漫画家であるという話もあります (同『少女ロマンス ── 高橋真琴の世界』(パルコ, 1999年)) が, 水野英子という漫画家は, 手塚治虫であるとしています (https://www.meiji.ac.jp/manga/yonezawa_lib/exh_shoujomanga/corner03.html) (2024年2月21日閲覧)。

(44) 川添愛「言語モデルに人生を狂わされた男」UP606号58頁以下 (2023年) 参照。

(45) 中空萌『知的所有権の人類学 ── 現代インドの生物資源をめぐる科学と在来知』(世界思想社, 2019年) 参照。とてもおもしろい本だと思います。

〈著者紹介〉

道垣内 弘人（どうがうち　ひろと）

1959年　岡山県生まれ
1982年　東京大学法学部卒業
　　　　東京大学法学部助手，筑波大学社会科学系講師，神戸大
　　　　学法学部助教授，東京大学教養学部助教授，同教授，東
　　　　京大学大学院法学政治学研究科教授を経て，
2020年　専修大学大学院法務研究科教授，東京大学名誉教授

主要著書

『信託法理と私法体系』（有斐閣，1996），『買主の倒産における動産
売主の保護』（有斐閣，1997），『信託法入門』（日本経済新聞出版社，
2007），『典型担保法の諸相』（有斐閣，2013），『非典型担保法の課題』
（有斐閣，2015），『担保物権法〔第4版〕』（有斐閣，2017），『プレップ
法学を学ぶ前に〔第2版〕』（弘文堂，2017），『信託法〔第2版〕』（有
斐閣，2022），『信託法の問題状況』（有斐閣，2022），『リーガルベイ
シス民法入門〔第5版〕』（日本経済新聞出版社，2024）

民法研究 レクチャーシリーズ

所有権について考える
デジタル社会における財産

2024（令和6）年 7 月 10 日　第 1 版第 1 刷発行

©著　者　道垣内　　弘　　人

発行者　今　井　　　貴
　　　　稲　葉　文　子

発行所　㈱　信　山　社

〒 113-0033 東京都文京区本郷6-2-9-102
電話 03(3818)1019　FAX 03(3818)0344
info@shinzansha.co.jp

Printed in Japan, 2024　　　印刷・製本／藤原印刷株式会社

ISBN 978-4-7972-1135-1 C3332 ¥1400E

民法研究レクチャー・シリーズの創刊にあたって

　平成の30年間は民法改正の時代であり，その末年には債権や相続，成年年齢や特別養子に関する改正法が次々と成立し，民法典はその姿を大きく変えた。また重要な新判例も次々と現れており，学納金事件，住友信託対UFJ，NHK受信契約，JR東海事件，代理懐胎，非嫡出子の相続分，預貯金債権の取扱いなど，社会的に大きな注目を集めた事件も少なくない。

　こうした民法の変化の中に時代の変化を汲み取りつつ，民法学がなしうる・なすべきことを示すことによって，法学研究者や法律実務家に限らず，法学を学習する人々，さらには一般の市民の方々にも民法・民法学に関心を持っていただくことができるのではないか。そのためには，平成の30年間を通じて民法学界の第一線で研究を続けてこられた方々にお願いして，広い範囲の聴衆に対して，大きな問題をわかりやすく，しかし高いレベルを維持しつつお話ししていただくのがよいのではないかと考えて，本シリーズを創刊することとした。執筆をお願いした方々には，法学に関心を持つ少人数の高校生を相手にお話をいただき，これをもとに原稿を書いていただいたので，「民法研究レクチャー・シリーズ」と名づけることにした。

　『民法研究』は，広中俊雄博士によって創刊・編集されて，第1号から第7号まで（1996年～2011年）が刊行された。一時中断の後に第2集の刊行が始まり，現在のまでのところ，東アジア編として第1号から第9号まで（2016年～2020年）が刊行されている。これとは別にフランス編（ただし不定期）の刊行準備も進みつつある。そこでしばらく前から，広中先生と

のお約束であった理論編を企画したいと考えて始めていたが，「民法研究レクチャー・シリーズ」はこの理論編に相当するものとして立案したものである。

　2021年3月，瀬川信久先生のレクチャーからスタートした本シリーズは，2022年6月，8月には相次いで，内田貴先生，能見善久先生のレクチャーを，さらに2023年3月には，松本恒雄先生のレクチャーを，それぞれ刊行することができた。これらに続いて，道垣内弘人先生の『所有権について考える──デジタル社会における財産』をお届けする。

　1990年代以降，通信技術の発展・普及は著しく，PCやスマートフォンは生活必需品になっている。デジタル庁の発足に象徴される大きな流れの中で財産のデジタル化も進んでいるが，考えてみれば，債権や知的財産権の登場によって，財産の物離れは早くから始まっていたとも言える。こうした大きな関心に立脚しつつ，現代的でかつ原理的な諸問題を取り上げた道垣内先生のお話はレクチャーの聴講者の関心を大いに刺激し，当日は多数の質問・発言がなされた。

　本書の刊行によってシリーズの第1期（1950年前後にお生まれの執筆者による）に続き，第2期（1960年前後にお生まれの執筆者による）がスタートする。すでに数人の方のレクチャーが完了しているほか，登壇をお約束いただいている方もいらっしゃる。本書をはじめ力作が次々と登場するので，ご期待いただきたい。

　　2020年12月／2024年7月

　　　　　　　　　　　　　　　　大　村　敦　志

高校生との対話による次世代のための民法学レクチャー

◇学びの基本から学問世界へ◇

（ 民法研究レクチャーシリーズ ）

不法行為法における法と社会
― JR 東海事件から考える ―

瀬川信久 著

法の世界における人と物の区別
能見善久 著

グローバリゼーションの中の消費者法

松本恒雄 著

民法研究 第2集

東アジア編 1〜9号／フランス編 1号〜 続刊

大村敦志 責任編集

信山社